Verbum ✱ ENSAYO

ESTÉTICA DE LA LECTURA

Verbum ✻ ENSAYO

Directores de la colección:
JOSÉ MANUEL LÓPEZ DE ABIADA
PÍO E. SERRANO

PEDRO AULLÓN DE HARO

Estética de la Lectura

Una teoría general

EDITORIAL Verbum

Eguílaz, 6. 28010 Madrid
Teléf: 91 446 88 41
e-mail: editorialverbum@gmail.com
www.verbumeditorial.com
I.S.B.N: 978-84-7962-797-3
Depósito Legal: M-34710-2012
Imagen de Cubierta: A del alfabeto fenicio
Impreso en España por
PUBLIDISA

Índice

PREFACIO

En términos teóricos, de pensamiento, que lo son también de *experiencia*, la gran cuestión de la lectura exige ser afrontada como verdadera *teoría general*. Esto es, como amplia construcción crítica, y también como *techne* retórica posterior a la base gramatical con la que a su vez se confunde, pero sobre todo al fin en tanto actividad global estética en el marco de regímenes críticos y avatares culturales que únicamente pueden ser asumidos a través de una concepción de la *continuidad* que aquí eminentemente atañe a la escritura y en general al comportamiento formativo humano. Desde luego, esto no quiere decir, cosa que fácilmente se podrá comprobar, que aquello que proponemos sea un proyecto teórico acerca del objeto *lectura* desgajando su entidad, si es que esto fuera posible, de la realidad histórica. En todo caso, quiere decir que en modo alguno se trata la nuestra de una nueva contribución a la *historia* de la lectura, una más de las habituales y a menudo valiosas e interesantes, completada ahora con algunos aditamentos teóricos o hermenéuticos[1].

Durante las últimas décadas del siglo XX tuvo lugar una extensa producción historiográfica acerca de la lectura, sin duda consecuencia de la especial evolución de algunas escuelas o tendencias de estudios históricos que por diversas razones trasladaron su foco de interés de la historia política y económica, por lo demás en concomitancia con los resortes de la época del dominio estructural y sociológico marxista, a los ámbitos de lo que en general podríamos denominar microhistoria. Sin embargo, esa historiografía no atendió debidamente, o simplemente era ajena a la materia retórica, acaso por tratarse de elaboración de historiadores más que de filólogos, pero tampoco atendió a ciertos sectores de la filosofía. Nuestra perspectiva es por completo ajena a esas circunstancias historiográficas, tanto en lo que se pueda referir a sus debilidades como a su posible

[1] Por lo demás, vengo a adelantar aquí una parte más del conjunto de mi investigación de Estética General.

éxito. Tras haber afrontado con anterioridad la *teoría de la crítica* y la *teoría de la historia literarias*, en nuestro proyecto el orden de cosas consiste, dada la situación de la crítica actual, en plantear como factor subsiguiente no el estatuto del autor sino la *lectura,* una teoría de la lectura, y conducida, como arriba ha quedado dicho, al plano general de la entidad *estética*, el más abarcador en mi criterio[2]. En realidad, o hasta donde se me alcanza, el objeto *lectura* no ha sido planteado ni con ese presupuesto ni con otra amplitud parangonable. Pero el problema de la lectura, entiéndase, no se plantea aquí como alternativa a la crítica o a la historiografía, por lo común centradas en las obras, en los textos y sus contextos. Porque la lectura no es sino una actividad que ejercen históricamente unos individuos justo sobre las obras. Toda lectura se erige por principio como la imprescindible y mayor dedicación, encuentro natural y homenaje posible, cumplimiento del texto escrito, y ello hasta el punto de que tanto lectura como obra literaria no poseen existencia independiente. Sólo existe la una por la otra y a la inversa. Ahora bien, si la lectura, naturalmente, es relativa a las obras y a sus contextos, sin embargo no se identifica ni define en las disciplinas dedicadas a estos objetos, pues su carácter más general, previo, los excede por principio.

De ahí, y puesto que la ciencia real no ofrece al caso una adecuada disposición disciplinaria sino por el contrario una serie de fracturas, la necesidad de elaborar una formulación teórica general capaz de asumir los elementos determinables de una tradición dispersa, vinculable entre otras cosas a la teoría de la escritura, así como de planear y conducir un llenado de vacíos conceptualmente significativos. A ese fin se adopta aquí una categorización estética abarcadora, no pues en sentido restrictivo ni quizás en ningún otro habitual, pero que hará patente, entre otras cosas, cómo toma cuerpo un conjunto disperso de pensamiento y cómo ciertos tratamientos tanto especulativos como

[2] En 2006 ofrecimos el resultado de nuestra investigación promovida en equipo sobre *Teoría de la lectura* (Málaga, *Analecta Malacitana*). Lo que aquí presento es una versión muy renovada y ampliada de mi investigación individual publicada por primera vez encabezando ese volumen.

empíricos del objeto producen una iluminación reveladora e inédita del mismo. Desde el orden de la más amplia consideración histórica, se ha entendido que habían de ser asumidos, manteniendo un punto de vista de contenido teórico, los momentos inicial y final, es decir aquellos más extremados y genésicamente esclarecedores.

No quiero dejar de recordar ahora de nuevo, cómo la pseudohumanística ciencia neopositivista dominante durante el siglo XX abandonó y alejó el problema de la lectura de sus ámbitos más específicos, es decir filológicos y retóricos, histórico-literarios y crítico-literarios. Siendo de añadir, por otra parte, que la Estética, a excepción de algún caso notable y a pesar de la a veces un tanto engañosa perspectiva de la llamada "estética de la recepción", o por mejor decir "teoría de la recepción", que para empezar no fue honesta con el pensamiento estético del siglo XIX, la Estética, decíamos, no asumió el problema de la lectura, como tampoco el de su inseparable la escritura. Sin embargo, como veremos, el Arte de la Lectura, sí incorporó en el último cuarto del siglo XIX una dimensión estética y bien contextualizada de su objeto. Pero esta disciplina o subdisciplina retórica, integrada como ciencia del lenguaje, fue posteriormente relegada y olvidada hasta extremos incomprensibles.

La razón de un proceder como el de la teoría de la recepción en la segunda mitad del siglo XX no era ocasional, pues sencillamente responde a un régimen de desconexión y equívocos, provocado eminentemente por la lingüística estructural-formalista, entre los ámbitos estéticos y filológicos al amparo de una supuesta tecnificación documental de éstos y de dedicación unilateral a las artes plásticas de aquéllos. Además, cuando el último gran representante de la tradición hermenéutica alemana, Gadamer, vino a centrar estos asuntos, y con plena asunción de los problemas de lenguaje y literarios, es decir filológicos, acaba sentenciando por su cuenta y riesgo la disolución de la Estética en la Hermenéutica. Aquí, aun respetando agradecidamente el estudio del viejo discípulo de Schleiermacher y Heidegger, empezaremos por tomar en cuenta, primero, y entre otras muchas cosas, a Eduard von Hartmann, y a Dilthey, y segundo, una perspectiva del saber acorde con nuestro pasado, que no fue ni una improvisación ni una particular disputa de autores entre disciplinas. En realidad, el último siglo, a este propósito de nuestro objeto, centró finalmente la historiografía de la lectura, al margen tanto de toda epistemología como de la propia entidad constitucional del mismo más allá de los límites de una historización documental europea y externa; o bien, por otra parte radicalmente distinta, segregó un examen pedagógico y psicológico cognitivo, si bien a veces necesario y valioso, con frecuencia conducido no a expansión de relieve humanístico sino a formalidad pragmática y lingüística. Ésta fue la gran limitación. Si hay algunas excepciones a todo ello, en primer lugar especialmente se encuentra el caso de Iser, anclado en la teoría de la recepción, pero que ofrece, según veremos, un concepto literariamente principalísimo como de ideación personal cuando de hecho procede de su propia tradición alemana decimonónica que él oculta. El siglo XIX tiene mucho que decir y nos es necesario, al menos en materia de estética y estética literaria.

Es un hecho que la caída de las escuelas lingüísticas y crítico-literarias formales en el último cuarto del siglo XX, que coincide con la disolución disciplinaria puesta de manifiesto en el campo de las ciencias humanas por la intromisión de corrientes ideologizadas de escasísimo fundamento, revela un cambio en la ontología disciplinaria que si bien ha dañado a la determinación de los objetos, sin embargo ha conducido de otro lado a primer plano de nuevo una gran disciplina fundacional, la Retórica, y dos grandes asuntos, la oralidad y la lectura (aunque curiosamente sin rememorar el decimonónico Arte de la Lectura, que por supuesto aquí es el sector que más directamente nos concierne).

Probablemente sería ingenuo pensar que el futuro próximo no deparará nuevas escolásticas de renovada fuerza acaso en alianza con la cibernética. Ahora bien, a pesar del arrastre de desvaloración y desvirtuación producido sobre las ciencias humanas y su posible evolución por las antedichas corrientes ideologizadas, un arrastre ya al amparo de unos llamados "estudios culturales" fundados en la ignorancia de la malheredada "ciencia de la cultura", o ya en compensación de ese gran disparate epistemológico y verdadera malversación que en su núcleo operativo he caracterizado en varias ocasiones como "trampa Jakobson"[3], en cualquier caso aquí asumiremos radicalmente una posición humanística.

Repetiré una vez más que hemos de ponernos bajo la advocación de san Agustín y san Jerónimo e implantar en la tierra el germen platónico del humanismo. Porque si en "términos teóricos", según indicábamos al comienzo de este prefacio, el asunto que aquí nos trae es por principio transmisible a unos pocos, en "términos prácticos" de lectura, de la capacidad de intelección que ésta reporta, el problema actual es verdaderamente alarmante, pues la lograda alfabetización general de la población en edad escolar se ha llevado a cabo de un modo y en unas circunstancias los cuales han tenido como resultado un inverso, algo que quizás pronto haya de ser categorizado como incapacidad de comprensión lectora de los textos serios en los llamados países desarrollados.

Recientemente me he visto impelido a acuñar los conceptos de "final" y de "escatología" para la *Crítica*; quizás no sea descabellado comenzar a reflexionar acerca del problema respecto de la lectura seria.

---

[3] Puede verse mi crítica severa sobre este asunto en "Las caras de la malversación: la crítica literaria lamentable en el siglo XX y sus genealogías", en J. G. Maestro e I. Enkvist (eds.), *Contra los mitos y sofismas de las 'teorías literarias' posmodernas,* Vigo, Academia del Hispanismo, 2010, pp. 55-87.

1. Fundamento como epistemología previa

Epistemológicamente, la dificultad teórica de delimitación de la lectura consiste en la dificultad de su delimitación respecto de la ciencia del lenguaje así como de la teoría hermenéutica, con las que necesariamente ha de vincularse de uno u otro modo, pero de las cuales ha de distinguirse con efectividad por cuanto sus implicaciones y ámbitos de experiencia sobrepasan el centro teórico de las mismas según ha resultado históricamente establecido. El otro asunto disciplinar es la antigua esfera de la Retórica, que asumió la lectura, especialmente en su ya referida y recreada elaboración decimonónica de Arte de la Lectura, la más estable y monográfica, pero ya desde Quintiliano[4] según veremos, y desde una didáctica, humanísticamente también primordial, pero técnicamente al menos en parte soluble o relativa a esa mencionada última elaboración, caracterizada por una inteligente integración disciplinaria que alcanza desde la Educación a la Teoría Literaria y la Estética. No podemos memorializar, ni regresar y reescribir la historia que subsiguió a la *grammatiké* antigua ni la extraordinaria disfunción provocada por el siglo XX. Pero propondré que una consideración actual fundada sobre los ejes de perceptualidad, experiencia y axiología, regidos por un concepto subyacente pero permanente de continuidad y en presencia del saber históricamente recibido y su gama de aspectos pluridisciplinares, configura la posibilidad de una teoría general de la lectura como estética. Volveremos sobre esto y su fundamentación.

Evidentemente, me propongo examinar con detenimiento la palabra que designa el objeto de nuestra investigación, lo cual no es sino tratar de su realidad presente y pasada y su significación; sin embargo, no nos vamos a ocupar extensamente de la base primera gramatical de la lectura, que por otra parte como Ortología antecede y roza la *techne* retórica, el actualmente abandonado Arte de la

---

[4] Puede leerse en nuestro primer Apéndice el texto principal de Quintiliano sobre la lectura y su pedagogía.

Lectura, pero lo cual conduciría a atender empíricamente no ya un amplio sector de la didáctica gramatical sino a una gran diversidad de lenguas, y aun a pesar de que las fonéticas y capacidades estilísticas particulares de las mismas pudieran sin duda proporcionar rasgos particulares de apreciación simbólica y en tal sentido estéticos, pero difícilmente conducibles a interpretación integrada. A fin de cuentas el examen de ese desaparecido Arte de la Lectura e incluso por sí el problema o cuestión didáctica de la lectura, nos harán situar debidamente a ésta como aprendizaje y realidad vital desde su inicial momento técnico. En todo caso, pienso que se ha de empezar por reconocer que el misterio esencial del lenguaje lo es también de la lectura; que el proceso de lectura y de la llamada comprensión lectora a fin de cuentas suscita ese misterio esencial del lenguaje, esto es cómo la realidad material se torna metafísica, produce significado.

Es relevante la complicación léxico-etimológica del verbo *leer* en razón de sus duplicidades semánticas. La raíz indoeuropea con alternancia vocálica *leg / *log significa 'escoger'. Ésta se concreta en lengua griega conservando la alternancia, como se comprueba en el verbo 'lēgo' y en el sustantivo a partir de ahí construido 'lēxis', así como en el sustantivo 'lōgos'. En latín ya no se mantiene la alternancia. El verbo *lego* tiene el sentido originario de 'recoger, reunir, escoger, elegir' (este último término ahora usado procedente del verbo latino más el preverbo *e*). No está del todo claro de qué manera *lego* contrajo el significado de 'leer', pero pudo ser a partir de expresiones como *legere oculis* (abl.) "escoger (las letras) con los ojos", *scriptum legere* "tomar algo como escrito" "encontrar escrito", o *senatum legere* "enumerar la lista del senado". Hay también una acepción derivada de la primera que pensamos pudo servir de puente: *legere vestigia* "seguir las huellas", *legere aequora* o *legere oras* "recorrer el mar" o "las orillas", de ahí a *legere senatum* o *legere poetas*, de "recorrer con la mirada" a "leer la lista del senado" o "leer a los poetas". Leer en alta voz es un significado muy frecuente, como ha estudiado Jesper Svenbro; la lectura silenciosa o interiorizada, su realización estable, es invención moderna[5]. Cabe afirmar que *lego* ('decir') se convirtió en un verbo independiente de *lego* ('escoger'), con sus derivados y sus compuestos. Para un contemporáneo de Cicerón no hay nada en común entre *legere oleam* y *legere librum*, entre *lector* y *legulus* ('recolector'). Esto último es lo que afirma Ernout-Meillet (*Dictonnaire étimologique de la langue latine*), pero cualquier diccionario permite observar que en *lectio –onis* se dan los dos significados. La acción de 'recuento' o de 'contar' en su sentido de 'cuantificar', que se diría un parejo de 'descifrar' y 'deletrear', determinar letras, como veremos será permanente y define una continuidad léxico-semántica universalizada.

En lengua china existe esta misma duplicidad, aunque naturalmente regida por su propia singularidad idiomática, por cuanto 讀 *(dú) leer* tiene también la acepción, además de 'comprender', de 'contar' o 'echar cuentas', que es ciertamente analógica respecto de 'deletrear'; y por ello, 讀書 *(dúshu) lectura*, que se forma añadiendo otro carácter al término verbal (recuérdese que en chino los verbos son términos fijos, no flexionan) también posee una acepción secundaria que designa el 'libro de cuentas', además de 'documento'. En coreano, aparte la clásica forma china, pronunciada *(dok)*, existe para *leer* el verbo autóctono 읽다 *(ik-ta),* y para 'lectura' el compuesto 읽기 *(il-ki),* términos que carecen de duplicidad semántica, mientras que el japonés ofrece una suerte de gradación especificativa y por tanto limitada duplicidad, con tres correlativas posibilidades a partir de よむ *(yomu)* (1. 詠む, componer, escribir o recitar poesía; 2. 読む, leer; 3. 訓む, leer caracteres japoneses). Por su parte, en tagalo, lengua filipina entroncada con la española, *basa* es raíz de 'leer' (*basahim* 'lo leído', *pagbabasa* 'lectura'), pero también de 'estar mojado', y no es pues, al igual que en visaya, palabra procedente del

[5] Según Svenbro, que realiza un excelente y minucioso estudio, la lectura griega antigua fue naturalmente en voz alta y sólo corresponde a la necesidad de leer con rapidez propia de los profesionales que trabajaban con textos la interiorización o utilización subsidiaria de la lectura silenciosa. Véase J. Svenbro, *Phrasikleia. Anthropologie de la lectura en Grèce ancienne,* París, La Découverte, 1988; Id., *Storia della lettura nella Grecia antica,* Bari, Laterza, 1991.

español. (Con acento, *basá,* sí es probablemente español significando 'piedra' y 'piedra de sepultura'). En malayo se emplea la raíz *baca,* presumiblemente la misma, con forma *membaca* para el verbo.

La lengua rusa posee un amplio verbo para 'leer' читать (chitat´), y además su variante считать (schitat´) con significado de contar cifras o números y calcular; mientras почитать (pochitat´) es considerar o estipular. En árabe el término قرآن *(al-Qur'ān)* significa literalmente 'recitación', de la raíz قرأ *(qr')* 'recitar', 'leer en voz alta'. En la tradición islámica, la revelación del Corán se comenzó a trasmitir en 610 por la exhortación del arcángel Gabriel a Mahoma: اقرأ *(iqra'),* "lee". Nada más específico al caso en la tradición de las "religiones del Libro". El origen cristiano se sitúa en el *fiat lux* y en el Verbo.

Volviendo a la lengua griega, en el verbo *lego* se debió pasar del significado originario de 'escoger', igual que el del latín, al significado de 'decir' por un procedimiento similar, de 'leer en alta voz' a 'decir': *ta grámmata élege tade* "las letras decían así". *Logos* como 'palabra/discurso/razón' encontró un desarrollo enorme en la historia del pensamiento. *Lexis* es el sustantivo verbal: la palabra como la acción de decir o de hablar, la elocución. Sobre si llegaron a sentirse como verbos independientes diremos lo mismo que en el caso del latín: *dialego* en activa es 'escoger', 'distinguir', y en media *dialégomai* 'conversar'. A nuestro modo de ver, en el valor de lengua que tienen tanto en latín como en griego estas expresiones subyace siempre la idea del escogimiento, de la elección, que es de la familia como decíamos. Por lo demás, en griego la idea de leer se la reservó el verbo *anagignosko*, 'discernir', 're-conocer'. En griego moderno se conserva en lengua 'purista' *anágnosis* para lectura, y en demótico *diábasma*, que en realidad es 'paso, tránsito, recorrido por', es decir que nos permite observar cierto parecido con lo antes indicado respecto del latín a propósito de la relación ideológica recorrer/leer que tiene lugar en *lego.*

Dice Lorenzo Hervás, el creador de la Lingüística comparada, en su manuscrito sobre *Historia del arte de escribir*: "*lego* yo digo, hablo, pronuncio, rezo leo, cojo. Éstos, y otros derivados semejantes hacen conocer, que las palabras latinas *syllaba* y *legere,* que significan sílaba, leer, tienen un mismo origen: y que significando primitivamente colección, con metafórica alusión se han usado para significar la unión de letras, y su lectura, en la que se unen al pronunciarse"[6].

En español y en otras lenguas occidentales se ha de tener bien presente que *leer* y *lectura,* como el caso parangonable del término *discurso,* poseen comúnmente sentidos o subsentidos relevantes de base metafórica tradicionalmente extendidos y sobre todo durante la segunda mitad del siglo XX. Porque la acción de leer, concepto que históricamente, según hemos señalado, ha tenido diversas determinaciones léxicas desde la lengua griega, se aplica como término *leer*, y más aún el sustantivo *lectura*, de manera parcialmente figurada pero usual a una cierta o a un cierto tipo de interpretación, y tradicionalmente no ya de un texto (que es el caso de 'lectura dramatizada', 'rítmica', 'de poemas', 'de una selección…', 'del libro…', 'de fragmentos…', 'selectiva'), o la forma semifigurada 'lectura de tesis', sino de un plano arquitectónico, un cuadro pictórico, una alegoría o simbolización gráfica, un esquema científico, un acontecimiento incluso, es decir objetos que a veces directamente ni siquiera tienen relación remota con el discurso verbal, pues de hecho el *intelligere* y la *intelección* no poseen como requisito referirse a objetos escriturales ni verbales, si bien en todo caso ello habrá de mediarse o constituirse sobre palabras. Por otra parte, existen claras tendencias a la "lectura" en algunas especializaciones tradicionales del uso léxico, no ya en el caso, denotativamente no desligado, de 'lectura' como fuente o tipo gráfico de imprenta de cuerpo nueve, o la 'lectura de pruebas' de imprenta, que por supuesto se refiere o engloba la subsiguiente 'corrección' de las mismas, que es relectura, sino especialmente en la disciplina de la topografía: la 'lectura de planos'. Pero particularmente

---

[6] *Historia del arte de escribir,* Mss. Biblioteca Nacional, Madrid, fol. 5.

la metaforización, ya sólo parcial si se adopta la estricta acepción de 'descifrar', es relativa a saberes adivinatorios, así 'leer la mano', 'leer las cartas (naipes)', 'leer la carta astral', 'leer las estrellas', o 'leer la cara', sus rasgos, que es una antigua disciplina china; también el llamado 'arte de la lectura del cuerpo'; pero de hecho podría conformarse una semimetafórica que incrementaría bastante los elementos ('leer: la mente, el corazón, la mirada, la naturaleza, los signos del cielo', 'los labios'[7], y recientemente 'el ADN', 'el genoma') y conduce en su sentido mayor al gran tópico del 'libro del mundo' y su 'lectura'[8]. Todo ello remite a un concepto constante y central de desciframiento e *interpretación*. En general, contemporáneamente se dice 'lectura' por 'interpretación', y ello en el sobrentendido de que existen muchas 'lecturas' posibles, para algunos tantas como lectores[9]. Este extremo supera la metaforización (una metaforización que quiso conducir a normalidad léxica cierta Crítica literaria) para penetrar en un burdo democratismo traslaticio muy en boga que pretende allegar concepto político y realidad artística, o teórica, científica, etc. Tal metaforismo tuvo su correlato imprescindible en la llamada "muerte del autor", a modo de generalización nihilista de consumo a la moda. Pero las cosas son más serias.

---

[7] El 'leer los labios' principalmente refiere, como es sabido, la intelección verbal mediante observación precisa que ejerce el individuo sordo ante quien se manifiesta oralmente.

[8] Véase Ernest Robert Curtius (1948), *Literatura europea y Edad Media latina,* México, FCE, 1955, I, XVI; Hans Blumenberg (1981), *La legibilidad del mundo,* Barcelona, Paidós, 2000.

[9] El *Diccionario [Vocabulaire] de Estética* de Souriau, ofrece para Lectura, tras una primera acepción general de sentido propio ("Paso del signo escrito a los sonidos que él representa, y reconocimiento del sentido así formado. A partir de la lectura se toma reconocimiento de una obra literaria o musical, por medio de un texto o de una partitura"), ésta otra por extensión: "En un sentido más figurado, y bastante reciente, la lectura es la manera de interpretar un texto, o, más generalmente, una obra literaria o artística, en función de una cierta actitud del espíritu, de ideas o creencias asumidas anteriormente. El problema consiste en saber hasta dónde se puede llegar por esta vía; y si toda lectura es legítima. Algunas pueden ser traiciones, por cuanto revelan una toma de postura o una subjetividad arbitraria. Se puede comparar a este género de lectura con la visión que se tiene de las cosas a través de cristales de colores". (Ed. esp. Madrid, Akal, 1998).

Blumenberg, que venía a entender tan reprobable coquetear con la descalificación de la ciencia físico-natural moderna como no afirmar su lugar relativo para el conocimiento y la vida humanas, pues el mundo no es algo obvio y naturalmente dado sino históricamente contingente, advierte acerca de la imperativa demanda de sentido que suele olvidar cómo la interpretación del gran Libro que acompaña la vida puede hacer acompañar a ésta de grave dolor. A juicio de Blumenberg, "sería un disparate hacer una utopía de la metáfora de la legibilidad del mundo. Si nos ocupamos de este proceso que se extiende a lo largo de la historia tendremos que hacer una exposición de las formas que reviste la *privación de poder* de aquella aspiración a un sentido, como también de la resistencia contra su nivelación y de los sentimientos de su pérdida. No se puede dar una respuesta totalmente objetiva a la pregunta de si merece la pena prestar atención, rescatándolas del olvido, las manifestaciones, triunfantes o furtivas, de que en la realidad pueda haber algo de la accesibilidad de lo legible. No basta con cerciorarse de los hallazgos históricos. Se trata también de la *legibilidad* de aquello que se ha de decir sobre ellos"[10]. En cualquier caso, debemos precisar nosotros, la metaforización, intento de ordenación interpretativa del mundo, es asimismo histórica y, lo que es muy importante, no puede hacer dejación de su responsabilidad, o no puede hacerse uso de ella como tal, abandonándose a una posición que no es la artística determinada ni la común de lo que se dice, como si su original intencionalismo fuese semejante al producido en el seno del habla popular.

Pero situémonos en el centro de la lectura de los textos verbales. La lectura y la escritura son las actividades especiales distintivas, transformadas en comunes, de las culturas elaboradas, y la crítica (literaria o de los discursos en general), es decir una metalectura, constituye la corroboración técnica, la investigación, el encumbramiento, o la perversión a veces, de dichas actividades. Más acá de la lectura hermenéutica y crítica, pero también más allá por su sentido

---

[10] Cf. H. Blumenberg, *La legibilidad del mundo,* ob. cit., p. 14.

generalista, existe, disciplinariamente, la referida *techne* Arte de la Lectura, rama tradicional o subdisciplina retórica para la enseñanza de grado superior a la Gramática, la cual acaparó en su día un muy sensato valor general lingüístico y literario aplicativo resituado académicamente y con amplitud de miras en el estudio de la lectura en voz alta, de uno u otro modo junto al Arte de la Escritura. Así también resultaba determinable la percepción y estimación estéticas de ambos: aquel Arte hoy olvidado y éste de la Escritura, a diferencia de Asia, casi ausente de Occidente. Pero la cultura tecnológica del siglo XX, no la expansión de la lectura silenciosa, ha laminado a fin de cuentas estos saberes y sus prácticas.

Se ha de sumar, por otra parte, el conjunto disperso de elementos también doctrinales pero que usualmente, salvada alguna excepción de mucho relieve, según veremos, sólo a retazos ha ido diseminando la tradición filosófica y literaria universal, la cual de una u otra manera en toda obra de cierta penetración acerca de la lectura ha de quedar reflejada. El gran espacio de la lectura es, finalmente, el de su propio ejercicio, su actividad permanente y ecuménica en tanto que experiencia artística e intelectual, es decir aquella que interviene más directamente sobre el espíritu del ser humano. La lectura, que ha sido matizada alguna vez y con acierto en su aspecto de "secreto", de relación a solas del lector con el libro[11], pertenece relevantemente al sentido mucho más general de "experiencia" y su dimensión estética[12]. Pero en fin, toda lectura y toda escritura se establecen por principio como contacto visual, no sólo sonoro, además de simbólico y por tanto psíquico[13].

---

[11] Cf. Rosa Chacel, cuyo breve artículo "La lectura es secreto y la feria del mundo" abre y rotula su compilación *La lectura es secreto,* Barcelona, Júcar, 1989.

[12] John Dewey (1934) asume la actividad de la lectura al ocuparse de *El arte como experiencia.*

[13] Desde luego, la lectura presupone contacto visual, aunque también existe un cauce de excepción a través del cual puede efectuarse mediante contacto manual, codificadamente gracias al método Braille para invidentes, que permite tanto lectura como escritura mediante un esquema binario que se sirve de seis puntos en relieve aptos para su detección táctil. Caso bien distinto, pero que de algún modo lo precede, es el del código sonoro Morse, sobre todo de uso telegráfico y ya en desuso. Por otra parte, el lenguaje de los sordomudos, su sistema de signos, nótese que sí se

Es preciso comprender la *gran dimensión entitativa de la lectura* y su estatus en el *mundo de la vida del lenguaje*. La lectura puede entenderse como un aspecto del desenvolvimiento del lenguaje en el tiempo, e incluso del amplio significado del *discurrere* latino y en cualquier caso como expresión del tiempo y por ello expresión de lenguaje y de arte posible. Leer es *expresión* en su sentido práctico lingüístico más complejo, de donde arranca el carácter prismático de su capacidad estética. En nuestro último capítulo retomaremos el concepto teleológico de la lectura conducido a términos pragmáticos y de consecución taxonómica. Naturalmente, un concepto abarcador y fundamentado de la lectura no sólo ha de atender al ejercicio especializado o a las instituciones de la Teoría de la Educación o de la Crítica literaria sino más bien superar la idea de la acción de leer como concreción técnica limitada, bien en sentido pedagógico bien en sentido crítico literario. Por decirlo sintéticamente: 1) la lectura presupone en primer lugar, tras la escritura, un grado de percepción y relación psíquica comunes que subsiguientemente, como tal, conduce o puede conducir a reflexión y a contemplación estéticas de sí y en relación a la previa escritura; 2) la lectura se plantea, en segundo término, como una cuestión de desciframiento, como enfrentamiento a la palabra y la frase y conformación de discurso lector en tanto que operación de entendimiento y comprensión de un discurso escritural que el individuo que lee transforma o puede transformar en lengua viva y plena para sí; 3) y en tercer lugar, la lectura es proyectada cuando se habla de aquello que se ha leído, o propiamente cuando hablan y cuando escriben quienes han leído tocados por lo leído, situados entonces en una *aisthesis* cognoscitiva, por así decir. De ahí que la lectura sea actividad expandida, irrefrenable y constitutiva del mundo más allá de todo control y de las restricciones empíricas del

---

constituye como ejercicio para lectura visual sobre una actuación corpórea, y existe a su vez normativamente como código gráfico y escritural para ser leído por quienes no oyen o no hablan ni oyen. De todos estos códigos artificiales hay que decir que paralelizan y actúan como medio en suplencia de "lectura" directa de la lengua natural escrita, y sus disposiciones, necesariamente guiadas por principios de rentabilidad y efectividad, han de ser mecánicas en extremo.

acto primario de la misma. Diríase, además, que entre la realidad presente que nos es conocida y la realidad histórica, del pasado (por otra parte recordada y aprehendida a menudo mediante la lectura) existe otra realidad, inmensa, semiintangible de la lectura que pertenece a la esfera de la *idea*, el *sentimiento* o la emoción y la *memoria*: la realidad personal de cada individuo y general humana proporcionada por el caudal de lectura, por lo que se ha leído. Es el tejido de generaciones de lectores y de una modalidad de transmisión de la cultura. Pero lo que ha sido leído no es, evidentemente, sino una movilización caleidoscópica de entre todo lo escrito. Por supuesto, ese doble universo, presente e histórico y escrito y leído, se entreteje y confunde en el gran curso de la continuidad, mas no por ello deja de poseer un fundamento individualizador de cada uno de esos cuatro aspectos o elementos que se hacen patentes por sí; y éste último, la lectura, ingresa en el espíritu, mediante él se produce y en él se integra, donde habita. En cualquier caso, la lectura es un paralelo pluralizador de la unidad de la escritura, unidad que es esencial y preexiste y sobrevive en toda multiplicación reprográfica de la misma al tiempo que es reificada sucesivamente por la lectura.

En *el mundo de la vida del lenguaje*, la lectura configura un plano terciario, tras el habla y la escritura, que le son previas e imprescindibles, pero en realidad configura una convergencia de esos otros planos, sin los cuales no tendría lugar. En este sentido inmanente, la especificidad de la lectura es parcializadora, instituye un tránsito, el discurrir sobre un discurso ya dado, aunque también un nuevo fenómeno de síntesis entre habla y escritura, ahora *a posteriori*, y un aspecto constructivo. Ésta es la lógica del lugar de la lectura, evidentemente situado en el mismo espacio de la crítica, pues una y otra pertenecen, con la sola diferencia de grado o perspectiva y finalidad, a un único ámbito hermenéutico que es inconcebible desensamblado.

La cuestión de la lectura, y sus clases posibles, ha de situarse en esa dimensión entitativa y esa realidad semiintangible como parte del mundo de la vida del lenguaje, aquí calificadas de *estética* otorgando a este concepto valor general y sumo de experiencia. La lectura, como el lenguaje verbal en general, del que no cabe disociarse, no es juiciosamente reducible ni a lingüística formalista ni a didáctica ni a fisiología ni a ningún otro aspecto. Por ello, la lectura no es la suma de ciertas descripciones técnicas ortológicas o de otro tipo, como el lenguaje tampoco lo es de la superposición de fonética, sintaxis, semántica o cualquier otra especificación más o menos acertada o desacertadamente tecnificada, sino en todo caso eso y algo más relativo a una dimensión más plena y acorde a la realidad vital del objeto.

Existe un problema esencial de *significado* históricamente delimitado de la lectura que a mi juicio es conveniente delimitar con precisión desde un primer momento a fin de evitar confusiones posteriores. La discusión en torno a la dualidad interpretativa bíblica consistente en la dominancia o no dominancia alegórica ha hecho con frecuencia olvidar otros matices. Recuérdese que en la antigua hermenéutica bíblica ya existía tanto un sentido, occidental y paulino, de lectura como escucha de la palabra, del contenido del texto, de su mensaje, y un sentido oriental, más platónico, juanista, ligado a la visión y a una posible presencia de Dios. También existe una "luz" de la lectura como *ciencia*, como sol que se presenta en el medieval *Didascalicon* o arte de leer, de Hugo de San Víctor, iluminando el saber del mundo y la conciencia de sí del lector mediante la *meditatio* que subsigue a la *lectio*[14]. A mi juicio, aquí el problema epistemológico general, omitido hasta el presente, ha de centrarse históricamente en la postura unificante de san Jerónimo por cuanto que esta postura promueve el entrelazamiento del saber clásico con el cristiano, aspecto de encumbradísima relevancia filológica, hermenéutica y humanística que tiene precedentes en el maestro Orí-

---

[14] Siguiendo a Von Balthasar, se ha querido ver la determinación de esa dualidad, añadiendo que entre sus polos quedaría el espacio de la relación entre el texto y el lector, análogamente a la crítica contemporánea. Cf. A. Spadaro, "Le antiche radici teologiche dei resentí dibattiti sulla lectura", en *La Civiltá Católica*, 3593, marzo (2000), pp. 464 y 467; H. U. von Balthasar, *Sponsa verbi. Saggi teologici,* Brescia, Morcelliana, 1969, vol. II; Hugues de Saint-Victor, *L'Art de lire. Didascalicon,* ed. de M. Lemoine, París, Cerf, 1991. Volveremos brevemente sobre la *lectio* en nuestro último capítulo.

genes y, sobrepasada la Edad Media, Erasmo vislumbró para un renacentismo que era el mismo de Petrarca y los grandes humanistas. Esto, que puede ser definido sin ambigüedad alguna como un intento unificador de "filología sacra" y "filología profana", alcanzaría dos lugares significativos, diversos y complementarios en el siglo XVIII, con Meier, antecedente de Schleiermacher, y Juan Andrés, el creador de la Historia universal y comparada de la literatura, de las ciencias y las letras.

Existe, por otra parte, en el marco del pensamiento moderno, más allá de la pura hermenéutica, una tendencia filosófica hacia la lectura como problema, o a ciertos modos de lectura, indudablemente alentados, del modo que fuere, por Schopenhauer, Kierkegaard y Nietzsche, que entremezclaron y agudizaron problemas múltiples de, para ser exactos, teoría del lenguaje, teoría del conocimiento y estética contribuyendo a proyectar no la que sería propiamente fenomenología husserliana, que permanece densamente "lingüística", sino esa tendencia de Heidegger o en general heideggeriana que abraza la palabra como lectura etimológica y conduce, en su última época, a un supuesto encuentro con la palabra misma. Es bien sabido que la *lectura*, en Gadamer, deviene directa y atenta al entramado literario y filológico[15]. Entre sus empeños estaba el de desintegrar la Estética a fin de erigir la Hermenéutica como prolongación heideggeriana.

El aspecto de la lectura puede decirse que no se explicita en la *expresión* de Benedetto Croce[16], pues en su *Estética* se recorda-

[15] Es de recordar la síntesis que ofrece la postura esencial de Gadamer para la lectura: "No hay nada que sea una huella tan pura del espíritu como la escritura, y nada está tan absolutamente referido al espíritu comprendedor como ella. En su desciframiento e interpretación ocurre un milagro: la transformación de algo extraño y muerto en un ser absolutamente familiar y coetáneo. Ningún otro género de tradición que nos llegue del pasado se parece a éste. [...] Por eso la capacidad de lectura, que es la de entenderse con lo escrito, es como un arte secreto, como un hechizo que nos ata y nos suelta. En él parecen cancelados el espacio y el tiempo. El que sabe leer lo transmitido por escrito atestigua y realiza la pura actualidad del pasado" (*Verdad y método,* Salamanca, Sígueme, 1988, 3ª ed., p. 216).

[16] Aún menos se explicitaría, más tarde, en la *Metafísica de la expresión* (México, FCE) de Eduardo Nicol, anclada quizás sobre todo en Leibniz como problema del conocimiento.

rá que quedaba resuelto en abstracción ecuacional junto con la *intuición*, aunque sí que era ejercido por su antecedente Giambattista Vico, especialmente al tratar de las hablas primitivas y de la cuestión del *mythos* como *fábula* verdadera. A mi juicio, según ya indiqué, procede especificar un concepto e intenso de lectura en tanto que *expresión.* Si en Lessing, en *Laocoonte*, ya existía una gran presunción teórica y práctica de lectura, como más radical, abstracta y adelantadamente ocurrirá en las lecciones de Estética de Hegel, esta presunción no se particulariza, tampoco a propósito del concepto de *expresión*, concepto del que se suele olvidar su decisivo alojo kantiano como *modos de expresión*, caso que ahora no nos atañe[17]. Pero es preciso anotar que el siglo XX produjo una inesperada inserción teorética del concepto de lectura en la filosofía de Karl Jaspers, en cuya *Metafísica* la parte conclusiva se ocupa de la "lectura de la escritura cifrada", cuyo estudio de la esencia de la cifra, que discierne tres lenguajes (el lenguaje inmediato de la transcendencia, que es la realidad manifiesta y la experiencia; el lenguaje que en la mediación deviene universal, el mítico; el lenguaje especulativo, analógico, pues lee el originario escrito cifrado escribiendo otro), la equivocidad de la cifra, la existencia como lugar de la lectura de la escritura cifrada y, por último, la escritura cifrada y ontológica. El arte es tomado por Jaspers como lenguaje nacido de la lectura de la escritura cifrada[18]. En fin, recientemente Hans Blumenberg, que se ha referido de manera limitada a la alegoría de las letras, la cual no se olvide que posee una densa tradición simbológica anclada sobre todo en la Cábala y el islamismo y alcanza a Vico y a la poética moderna, ha elaborado un valioso desarrollo de la metáfora de la *legibilidad*[19] en cierta

---

[17] Indiqué esta localización, curiosamente no reconocida, en "Las categorizaciones estético-literarias de dimensión: género/sistema de géneros y géneros breves/géneros extensos", en *Analecta Malacitana*, XXVII, 1 (2004).

[18] Cf. K. Jaspers (1932), *Philosophie, 3. Metaphysik*, Berlín-Heidelberg, Springer Verlag, 1973.

[19] Véase H. Blumenberg, *La legibilidad del mundo,* ob. cit.

dependencia concreta (reconocida, al menos en alguna medida) de Ernst Robert Curtius, y probablemente más general, no reconocida, de Karl Jaspers.

He explicado en otras ocasiones el lenguaje en tanto que *figura viva*[20]. El lenguaje, proceso de la potencia al acto[21], se realiza originalmente como figura viva y expresión simbolizadora, y en la medida en que penetra en la convencionalización, se aleja de su *vivacidad* espiritual primera identificable con la poesía. En principio, además, la escritura es concebible como forma visible del lenguaje, que retorna audible e invisible mediante la lectura. Éste es un fenómeno vital portentoso. Al margen de la suma vivacidad de la poesía, el lenguaje que se habla y se escribe es acto, en el grado que fuere, de la figura viva, es decir síntesis de forma finita e infinitud, belleza y sublimidad; y la obra literaria en cuanto que texto, discurso, es acto sido, que permanece representado escrituralmente, potencia oculta o latente hasta el cierto momento en que un sujeto, un lector, es decir la vivacidad del movimiento del espíritu transfiere la potencia al acto, tal si aconteciera de nuevo, descifrado, nuevo acto vivo mediante la lectura. Por ello, la acción de leer es acción vivificante y reencuentro de espíritu, acto de dar vida otra vez a la potencia en otro sujeto, o mejor dicho ser otro sujeto, e introducir éste en el mundo de la vida del lenguaje creador personalizado en otro anterior sujeto, ser. En ese sentido profundo, y sólo en ése, leer es crear, y detenta un aspecto sacral y reproductor del mundo originario. Decía María Zambrano que "un libro, mientras no se lee, es solamente ser en potencia, tan en potencia como una bomba que no ha estallado. Y todo libro ha de tener algo de bomba, de acontecimiento que al suceder amenaza y

---

20 Cf. "Un ensayo crítico sobre la ciencia del lenguaje", en *Ciencias del lenguaje y de las lenguas naturales*, Madrid, Verbum (Teoría/Crítica), 1996, pp. 23-38; "Posibilidad de la Poesía", en *Serta*, 3 (1998), pp. 63-73 (reimpreso en *La Modernidad poética, la Vanguardia y el Creacionismo*, ed. J. Pérez Bazo, Málaga, *Analecta Malacitana*, 2000).

21 El concepto básico neoplatónico que utilizo de "figura viva", no impide que en sentido operacional nos podamos servir por otra parte del aristotelismo del cambio "potencia-acto".

pone en evidencia, aunque sólo sea con su temblor, a la falsedad"[22]. De ahí a su vez el peligro que abriga la frecuente trivialización de la lectura, su caída en actividad rutinaria o dispersiva, facilitada por el mecanicismo lector, que es caída paralela a la general del lenguaje y, por tanto, caída del espíritu y pérdida del acto germinal de la vida de éste, cercenada por la mera convención que le supera. La convencionalidad es inherente al uso del lenguaje, pero su incremento le resta vida y su exacerbación lo destruye, es decir lo convierte en mero artificio.

Consecuencia de lo anterior es que la lectura despliega un campo permanente, una suerte de reserva inmensa para la vida del espíritu y una infinita potencialidad vivificadora. Aquí sería allegable, por analogía, un primer aspecto del concepto platónico de la magnética transmisión inspiradora que Sócrates atribuía al poeta y al rapsoda Ión como propulsores de una cadena de inspirados. Al margen de este sentido más esencialista dentro de la funcionalidad, ciertamente la lectura inspira, puede inspirar al lector, o bien el lector simultánea o previamente inspirado podría efectuar una lectura inspirada...., desencadenando esa imantación heraclea de los anillos de hierro puesta en boca de Sócrates por Platón. También la *infinita potencialidad vivificadora de la lectura*, tradicionalmente allegable, como suerte de "varita mágica" a la linealidad silenciosa de los anaqueles de las bibliotecas, actualmente aparece potenciada a su vez por el correlato de la "infinitud" que ha proporcionado en nuestro tiempo el ciberespacio.

La lectura, que sin duda es formadora de la imaginación, la concentración y el rigor y el contraste intelectual fue, sin embargo, tomada por Schopenhauer, su más severo e incisivo crítico, sobre todo desde el punto de vista más radicalmente limitador y excluyente. Para Shopenhauer, leer es una alternativa destructora del pensar y equivale a pensar con un cerebro ajeno o repetir lo pensado por éste. De manera que el exceso de lectura (de la mayoría de los libros, que

---

[22] María Zambrano, "Por qué se escribe", en *Hacia un saber del alma,* Madrid, Alianza, 2000, p. 39.

él toma por detestables, no de los valiosos) produce una paralización del espíritu de quien lee y, además, embrutece. Este punto de partida de la teoría schopenhaueriana de la lectura, que por lo demás accede a fortísima y perspicaz crítica de la actualidad cultural, los intelectuales, la institución académica y la historiografía literaria, posee a mi juicio un gran sentido de verdad; lo que sucede es que el autor de los *Parerga y Paralipómena* lo asume de forma inmatizada, absoluta. Schopenhauer, siguiendo una cierta tradición, considera a la novela el género literario más detestable y pernicioso para la lectura, del cual sólo salvaría unas pocas obras, y de entre éstas en primer lugar, desde luego, el *Quijote*, que sería la mejor demostración del pernicioso vicio. Así pues, "el arte de *no* leer es uno de los más importantes", según nuestro filósofo, que sin duda es el mayor crítico de la lectura. No entraremos aquí en detalles pues en el Apéndice puede leerse el argumento sustancial de nuestro estudio dedicado hace años a Schopenhauer y el problema de la lectura[23].

Ciertamente, hay muchas maneras de leer, según la actitud, el control, la dimensión de las relaciones adoptadas por el lector ante su objeto y las condiciones históricas. Ha existido, desde luego, una evolución histórica que ilustra el fenómeno y ha tenido un abundante desarrollo bibliográfico y documental contemporáneo. Los estudios históricos sobre la lectura proceden, en parte importante, del sector de la historiografía desgajado y caracterizado en el proceso de crisis de la llamada "nueva historia" y su evolución hacia la concreción microhistórica o "de la vida privada, cotidiana" sobre todo a partir

[23] Los ensayos schopenhauerianos dedicados a la lectura se encuentran, desde el punto de vista de su edición contemporánea, en una situación confusa y entrecruzada, por decirlo rápidamente. El más importante y abarcador de esos textos es *Ueber Lesen und Bücher*, que ha sido objeto de frecuentes confusiones y por consiguiente examiné filológicamente y puede leerse en nuestro tomito dedicado al autor. Es curioso que haya podido pasar desapercibido, pero Schopenhauer fue un pensador permanentemente obsesionado por los libros, los lectores, la lectura y ésta respecto de su propia obra. La reconstrucción interpretativa de dichos ensayos, con especial referencia al mencionado, quedó presentada en nuestro *Schopenhauer sobre la lectura,* Madrid, Heraclea, 1999 (2ª ed., 2000), cuyo núcleo teórico reproduzco ahora en nuestro segundo Apéndice.

de la escuela francesa de los *Annales*. Se trata de una respuesta tanto a la historia filosófica hegeliana como a la historia estructural, según expuso Roger Chartier, su más activo promotor sobre la base de los argumentos de Foucault acerca de la historia en "series", concepción que se intentó superar mediante la idea de las producciones de significado[24]. En realidad ahí no existe una epistemología, sino más bien una marcha de cosas regida por el propósito de abandono tanto del cuantitativismo francés como del conceptualismo alemán a partir de la asunción de una mera práctica historiográfica bien experimentada. Indudablemente, el estudio histórico exitoso y muy divulgado de "la vida cotidiana" está a la base de todo ello. Y el hecho es que tras numerosas aportaciones se ha alcanzado a configurar una suerte de historia general de la lectura y de los lectores en Occidente realizada en equipo y concebida desde la supuesta idea de que ni la lectura está inscrita en el texto ni el texto cobra existencia a no ser que un lector le confiera significado. Lo cual es presentado por Cavallo y Chartier[25] como un atender a la realidad efectiva de los conceptos de Paul Ricoeur relativos al encuentro entre el "mundo del texto" y el "mundo del lector" integrando los objetos y demás y la palabra lectora. Esto es, el estudio de "la historicidad de los modos de utilización, de comprensión y de apropiación de los textos". En ello lo que en efecto entra, evidentemente, es la realidad empírica de los libros, las costumbres desarrolladas acerca de su uso, la vida editorial y bibliotecaria..., o sea un aspecto de la historia cultural cuyo corte estaba por reconstruir y se brinda como contexto imprescindible para, entre otras cosas, la investigación y la interpretación histórico-literaria. Este proyecto no es único aunque sí el más desarrollado y difundido con creces.

Diferente asunto es la posible categorización de clases de lectura propiamente, a cuya taxonomía dedicaremos la última parte de esta investigación. Para el lector es preciso asumir, no ya como consta-

---

[24] Cf. R. Chartier (1982-1990), *El mundo como representación. Estudios sobre historia cultural,* Barcelona, Gedisa, 1995, 2ª ed.

[25] Cf. G. Cavallo y R. Chartier (1997) (dirs.), *Historia de la lectura en el mundo occidental*, Madrid, Taurus, 2001, pp. 15-18.

tación de hechos o de usos sino en tanto que propuesta metódica necesaria, una economía de los modos de lectura destinada a reducir y rentabilizar la inversión de tiempo y esfuerzo por parte del lector como consecuencia del ingente volumen de material textual disponible y la parquedad del tiempo que a ello es factible aplicar. Desde el siglo XIX cuando menos todo lector con cierta dedicación ha de establecer para sí una jerarquía de valores e intereses textuales así como de procedimientos en el ejercicio de la lectura. Se trata de la práctica consciente y decidida de estrategias, es decir mecanismos de rapidez y forma de consulta o lectura restringida y selección discrecional[26]. Existen diversas modalidades, las cuales requieren entrenamiento, empezando por la "lectura rápida", "veloz" o "intensiva", que a menudo no es sino la "lectura en diagonal" o "cruzada", que especificaremos en nuestro último capítulo al categorizar la "lectura rápida". Esto no es más que una exigencia del mundo real, la extraordinaria accesibilidad y multiplicación de textos en relación al tiempo de la vida del hombre, todo lo cual se ha acentuado notablemente durante el último siglo. Por su parte, la lectura actual más difundida, la "electrónica" o "en línea" o "hipertextual", caracterizable por la velocidad de recorrido sobre uno o muy diversos materiales a partir de una misma página por enlaces o por sucesión rápida de páginas varias o múltiples o incluso por lo que podríamos denominar digresividad errática. Este tipo de lectura, en sus formas extremas, tiene como consecuencia o favorece la dispersión psíquica y conceptual así como la fragmentación del sentido de la realidad. Por ello la referiremos más adelante en nuestra tipología en su relación posible con la categoría de "lectura patológica".

Todo ello pone en juego hábitos de la libertad y la necesidad, pues será el lector, su responsabilidad la única salvaguarda de la lectura verdaderamente seria, profunda, esto es justamente humana

---

[26] Cf. la difundida obra de M. J. Adler y Ch. van Doren (1940 y 1967), *Cómo leer un libro*, Madrid, Debate, 1996. Sobre la fijación ocular, su amplitud, la sacudida o sacada a golpe de vista, el reconocimiento de patrones y demás, véase la conocida y bien documentada síntesis crítica de R. G. Crowder, *Psicología de la lectura*, Madrid, Alianza, 1985.

por afecta a los propósitos del arte, el saber y el pensar y que debe prevalecer. Porque el peligro consiste en el establecimiento general e indiscriminado de un modo de lectura pragmatista o incluso dispersiva finalmente aberrante. Por ello mantendremos que es preciso poner a salvo el sentido íntimo y sacral de la lectura profunda, desde la manifiesta relación estética que mantiene con la escritura hasta la comunión con el significado. Por lo demás, la lectura meramente informativa y meramente lúdica o de entretenimiento más o menos literario queda en esto subsumida como cuestión menor y pienso que no requiere una completa valoración descriptiva. Por contra, sí requerirá especial atención, en orden a una teoría general, la lectura según sea concebible desde un punto de vista crítico, o incluso según los establecimientos de la crítica literaria[27]; y antes de esto, comprender el horizonte en el cual la lectura se constituye por sí y como eminencia psicológica y cognoscitiva, pues atañe a la *paideia* humanística, a la "formación", a la experiencia infantil y sus etapas lectoras y al mundo personal propiamente dicho.

En términos de psicología cognitiva, se entiende por "lectura eficaz" aquella que el lector aborda de manera "activa", implicándose en la "búsqueda del significado y la intención comunicativa del escritor"; una lectura cuestionadora acerca de "la intención que subyace al mensaje, planteando hipótesis acerca del contenido, detectando fallos de comprensión"[28]. En esto el cognitivismo se identifica con la perspectiva más común ante el fenómeno y, asimismo, concibe que "la lectura consciente y activa se inicia, de hecho, antes de comenzar a descifrar los símbolos gráficos, cuando el lector se plantea con qué fin aborda el texto y establece un plan de lectura,

---

[27] Volveremos en el último capítulo sobre estos problemas.

[28] No entraré en los detalles técnicos de la descripción. Véase para esto y lo que sigue la excelente síntesis y planteamiento general de Pilar Vieiro e Isabel Gómez Veiga, "La lectura desde la perspectiva de la psicología cognitiva" (en P. Aullón de Haro y Mª D. Abascal, eds., *Teoría de la lectura,* ed. cit., pp. 233-264; especialmente 235-237, 254, 262 ss.), así como la más que recomendable monografía de las mismas autoras, *Psicología de la lectura: procesos, teorías y aplicaciones instruccionales,* Madrid, Paerson, 2004.

continúa durante la misma mientras interpreta el contenido semántico, y persiste una vez ésta ha finalizado cuando revisa, reelabora y resume el contenido tratado en el texto"[29]. El concepto tradicional de *comprensión*, hermenéuticamente establecido por Schleiermacher y Dilthey, en tanto cognitiva "comprensión lectora" se basaría en la "interacción" de los procesos mentales (de percepción, atención, codificación, recuperación de información en la memoria), posibilitando como consecuencia de la interconexión de funciones y la múltiple translación de información entre los diferentes planos del proceso de la lectura el encuentro entre mecanismos lingüísticos y mecanismos del pensamiento. De ahí se concluye cognitivamente mediante otro concepto de la filosofía tradicional y hermenéutico, esto es la *circularidad* del proceso en cuanto a la relación del todo y las partes. La referida "interacción" de los procesos se ejecuta como simultaneidad caracterizada por un "principio de inmediatez" u operatividad veloz en el movimiento de las relaciones, una comprensión lectora en tanto que "proceso estratégico" y proceso "autorregulado" por el lector. Por lo demás, la "comprensión" entendida como una finalidad más concreta, por ejemplo informativa o de entretenimiento, sería relativa a los objetivos propuestos, los conocimientos previos del lector y la capacidad de la memoria operativa. Y en fin, las dificultades en el aprendizaje de la lectura han de centrarse, como era de esperar, en los problemas de "retraso lector" y "dislexia".

Es sabido que, convencionalmente, la educación se concibe en su base, sobre todo por los organismos internacionales, en tanto que extensión de la alfabetización y la lectura. A partir de ahí existe una política educativa que atiende a la lectura y una sociología de la lectura. Los asuntos de política educativa no sólo remiten a la organización escolar de las administraciones gubernamentales sino especialmente, en lo que a nosotros concierne, al pensamiento y a la acción

---

[29] Cf. P. Vieiro e I. Gómez Veiga, "La lectura desde la perspectiva de la psicología cognitiva", cit., p. 235, donde se remite a M. Pressley y P. Afferbach, *Verbal protocols of Reading: The nature of constructively responsive Reading*, Hillsdale, NJ, Erlbaum, 1995.

pedagógica consiguiente. En este sentido, la alfabetización se refiere tanto a niños como a adultos, y tanto a países del tercer mundo como a muy desarrollados, pudiendo definir posiciones de transformación social y de la naturaleza política del proceso educativo en tanto que práctica crítica. Desde este último criterio, el brasileño Paulo Freire (1921-1997), el autor de la en su día célebre *Pedagogía del oprimido* (1970), ha sido durante la segunda mitad del siglo XX el autor de referencia de una pedagogía revolucionaria en pro de la alfabetización que a veces ha sido designada "Pedagogía de la Liberación" por analogía con la Teología que tanta influencia tuvo en los países iberoamericanos. Freire, que estuvo no sólo dedicado, al igual que su mujer, a la enseñanza primaria o secundaria sino también a la enseñanza de trabajadores campesinos y desempeñó cargos de dirección política en ese terreno educativo, explicaba cómo "el mito de la neutralidad de la educación, que lleva a negar la naturaleza política del proceso educativo y a tomarlo como un quehacer puro, en que nos comprometemos al servicio de la humanidad entendida como una abstracción, es el punto de partida para comprender las diferencias fundamentales entre una práctica ingenua, una práctica 'astuta' y otra crítica"[30].

La sociología contemporánea de la lectura plantea diversos planos de desarrollo descriptivo y estadístico, vaya referida a la población, a sus hábitos, a los países. Por ejemplo, que en Europa el 75% de la población no lee y casi el 50% no compra libros, que las razones de lectura y compra de libros van aparejadas (por sugerencia de una persona, por conocimiento del autor o del tema), que existe una basculación en el tiempo de ocio entre lectura y utilización de medios audiovisuales con predominio y creciente de éstos, que la cibernética y los medios informáticos transforman tanto los medios de produc-

---

[30] Cf. Paulo Freire, *La importancia de leer y el proceso de liberación,* Madrid, Siglo XXI, 1984, p. 109. Véase también, al menos, otra compilación de trabajos, ahora con referencia particular a África: Paulo Freire y Donaldo Macedo, *Alfabetización. Lectura de la palabra y lectura de la realidad,* Introd. de Henry A. Giroux, Barcelona, Paidós/MEC, 1989.

ción como de distribución y los hábitos de lectura, que los países del norte europeo son mucho más lectores que los del sur...[31]

Es de notar que ha adquirido una importancia creciente o mucho más difundida la idea de la "educación bilingüe", propósito que si por una parte parece y es encomiable, por otra puede desencadenar en ocasiones, si se llevase estrictamente a la práctica, una curiosa problemática, o desvarío, en la medida no sólo en que el bilingüismo suele comportar en parte del alumnado graves patologías y restricciones, o su limitación al mero utilitarismo superficial y limitador de la profundidad idiomática y por tanto cognoscitiva, sino por cuanto interviene en general sobre una realidad actual psíquica y cultural ya muy débilmente formada con la consecuencia de producir semianalfabetos en dos lenguas, aun iniciándose el proceso de aprendizaje a muy temprana edad, cuya productividad mayor es a riesgo de confundir a veces irreparablemente el dominio adecuado de una lengua. Todo profesor coetáneo de cierta edad puede testimoniar y describir la extraordinaria caída de la capacidad de comprensión lectora de sus alumnos, en general y acaso particularmente en un país como España dentro del contexto europeo. En cualquier caso, la gran disminución del saber y el pensar en lengua materna se podría paliar mediante la aplicación de esfuerzos sobre el discurso oral, y de escritura y lectura, en principio de la lengua propia y sus clásicas, no con la reproducción de idéntica carencia en una lengua añadida por principio, pues ésta tiene sentido si ha de servir de enriquecimiento de aquélla y progresivamente a la inversa, y por muy útil que pueda resultar en la vida práctica y profesional el conocer y manejar prontamente ciertos formulismos idiomáticos, no es ésta la respuesta al hundimiento intelectual de las capacidades ya psíquicas, de discurso y lectura, de buena parte de las nuevas generaciones, educadas predominantemente en la falacia, la superficialidad y la errónea idea de que habitan una "sociedad del conocimiento" y no en la idea real de que se trata más bien de la escasamente reflexiva "sociedad de la información".

---

[31] Cf. el abarcador y documentado trabajo de José Antonio Cordón, "Los circuitos de compra y lectura de libros y otros aspectos de recepción actual en Europa", en *Teoría de la lectura*, ed. cit., pp. 101-126.

En primer término, la lectura es un paralelo concluyente de la escritura. No hay lectura sin escritura, como es obvio, aunque con demasiada frecuencia parece que suele quedar difuminada esa relación causal y de continuidad. El sujeto accede a lector en tanto que lee la escritura de quien accede a escritor en virtud de la producción de la misma. Por ello, una concepción estética de la lectura, o simplemente teórica general, también implícitamente histórica en parte, por supuesto, presupone una estética de la escritura y su relación con ésta[32]; de la misma manera que una pedagogía de la escritura exige una pedagogía de la lectura. La lectura vendría a configurar una suerte de hipotiposis sucesiva, realizaciones de hipotiposis que se encadenan punteando el ritmo de la lectura, o siendo punteadas por ese ritmo o cadencia que las desencadena.

Naturalmente, es determinable una relación entre lectura y traducción[33]. A mi juicio, traducir es transubstanciar, permanencia de lo esencial, de lo que está debajo, siendo que cambia lo accidental, y la lectura, que participa del fenómeno de la transubstanciación, diverge de ésta en tanto que es comunión[34]. Aquí *comunión* no establece, evidentemente, una metáfora de aceptación lógica o ideológica, ni teológica, de un discurso sino en todo caso de aceptación del discurso como tal, del texto, de la obra como ser, como ser vivo en el lector y en su sentido total humano.

Ahora bien, traducir es *leer*, o propiamente dicho leer trasladando a otra lengua, reescribir lo leído, reduplicando así el proceso;

---

[32] De hecho, parte de los problemas sustanciales que se suscitan en el estudio tanto de la escritura como de la lectura son ambivalentes o bien convergen de manera complementaria. En el siguiente capítulo, al proponer una fundamentación de la lectura necesariamente me valdré de manera significativa de la investigación que realicé a ese propósito en *El signo y el espacio*, Madrid, Centro Cultural Conde-Duque, 2002.

[33] Existe un estudio de Freddie Plassard, *Lire pour traduire,* París, Presses Sorbonne Nouvelle, 2007.

[34] Afronté una teoría de la traducción mediante el concepto de "transubstanciación", inicialmente en "Traductología literaria", en A. Domínguez Rey y X. Frías Conde (eds.), *O espírito da palabra*, La Coruña, Auliga, 2004, pp. 47-52.

pero toda traducción produce una lectura *como si* para otro lector, mientras que toda lectura, cualquier lectura no traductográfica, permanece en su entidad de acto, o producto, único y no reificable (en su base como aquél de la traducción) pues la lectura pública, en éste sentido, no crea sino otras lecturas propias de quienes escuchan, que oyen fónicamente como si leyeran, salvedad hecha de las consabidas condiciones y peculiaridades correspondientes a las circunstancias pragmáticas del caso. Pero si toda traducción es definible de algún modo en tanto que reescritura o escritura subsidiaria respecto de la escritura original, toda lectura es definible como potencia, capacidad perceptiva y cognoscitiva individual conducida a experiencia de toda escritura cuya consecución crea un análogo psíquico que establece una recepción y provoca una recreación posible.

Lectura y escritura (al igual que la reescritura traductográfica que a éstas se incorpora y enriquece) son cursos eminentes de la continuidad psíquica, lingüística, literaria, científica, educativa e histórica, del modo humano de ser.

2. Lectura y escritura

La estética de la lectura, designación que en mi concepto no refiere un aspecto sino la ontología del objeto lectura, es decir el tomar como un todo el acto y la actividad de leer, su constitución y la reflexión acerca de su existencia, puede ser concebida desde el criterio del estudio específico de la intelección, el aprendizaje y la enseñanza que vienen precedidos por la percepción y finalmente el necesario devenir de la comprensión como hermenéutica, crítica y filología. La lectura posee, por decirlo de manera breve, una potencia estética prismática y experimental. El estudio de la lectura en su sentido teórico general, ha de someter a examen con amplitud de miras, y nunca mejor dicho, *la visión*, los fundamentos, percepciones e incluso fenomenografía y circunstancialidad de ésta, así como al objeto al que no ya se aplica la lectura sino que le otorga existencia, es decir la escritura. Otro aspecto a sumar es la representación artística de la lectura, es decir cómo las artes plásticas y la literatura artística y de ficción representan la lectura; en éste sentido no incluyendo la literatura ensayística, pues es aquélla desde la cual hablamos y formante de su entidad reflexiva y estética teórica. Ahora bien, si la escritura constituye una construcción o representación, la lectura consiste en la ejecución de esa construcción. Quiero recordar, por otra parte, cómo según el pensamiento de Pareyson *leer* significa *realizar*[35]. Hay que atender a lo realizado. La lectura es vivificadora, múltiple y multiplicadora, encierra la voz y presupone el silencio.

La lectura reúne los sentidos de la vista y el oído, la seguridad clásica ante lo que se ve y la duda ante la percepción auditiva, cuya subjetividad compleja ya formuló el mito pitagórico y de Orfeo según el cual la melodía de la flauta sabiamente utilizada era capaz de reconducir la conducta agresiva del sátiro perseguidor de la inocente

---

[35] Luigi Pareyson, además, hace extensivo ese concepto (*leggere/eseguire*) a la generalidad de las artes, otorgándole un sentido activo y partícipe de la idea de ejecución. Cf. L. Pareyson, *Estetica. Teoria della formatività*, nueva edición con Postfacio de Maurizio Ferraris, Milán, Bompiani, 1998, pp. 221 ss.

doncella, según transmite la tradición, así Jámblico. La dificultad clásica del oído sólo podía ser asumida equiparablemente tras el desenvolvimiento moderno de la estética poetológica de Friedrich Schiller que puede resumirse en la tirada conceptual plástico-objetivo-clásico /musical-subjetivo-moderno[36]. La pionera lingüística universalista y comparatista de Lorenzo Hervás revela la fascinación neoclásica ante el "admirable", no menos que el del habla, "idioma de la vista", el "idioma visual", aquel que hace "visibles sus pensamientos": "La escritura por letras es idioma perfecto de la vista, la cual por medio de ella ve lo que la voz dice al oído. Las ideas mentales, aunque inmateriales, se ven y se oyen: se pintan, y son sonoras; esto es, se hacen sensibles mutuamente a los hombres por medio de la escritura, que las pinta, y por medio de la voz, que las hace sonoras"[37].

Recuérdese que además la "letra" posee individualmente un potente valor simbólico definido por la tradición hermética y también su renombrada alquimia poética moderna. La letra, hasta el siglo XX significaba indistintamente la unidad gráfica y la unidad de sonido, y en este sentido mantenía la fidelidad bidimensional que reifica la palabra, ahora como gran sentido del Verbo.

Cuál pueda ser un concepto de forma para la lectura no parece que se pueda disociar de un concepto de forma para la escritura, puesto que ambas son paralelas a la vez que existen en relación de consecuencia, y ya se trate de un concepto metafísico de forma o de un concepto, con todas las repercusiones que se quiera, de base puramente escritural, al cual disciplinadamente más adelante nos aplicaremos. Pero aún menos cabría, pues, disociar lectura y escritura de un concepto general de forma para el lenguaje. Ya declaré anteriormente mi entendimiento del lenguaje en tanto que *figura viva*, es decir *forma viva*, síntesis positiva de sublimidad y belleza, y síntesis necesaria de materia y espíritu. Ésta es la cuestión esencial del lenguaje y, por tanto, de la lectura. La verdadera lectura, al igual que

[36] Cf. F. Schiller, *Sobre Poesía ingenua y Poesía sentimental,* ed. de P. Aullón de Haro sobre la versión de Juan Probst y Raimundo Lida, Madrid, Verbum, 1994.

[37] L. Hervás, *Ensayo de la paleografía universal,* Mss. Biblioteca Nacional, Madrid, fol. 1.

la verdadera escritura, habrán de ser, pues, forma verdaderamente viva. Plotino consideraba la belleza de los cuerpos no sólo respecto de la vista sino del "ámbito del oído y conforme a combinaciones de palabras", y que la escala platónica alcanza la belleza de las cosas inmateriales, hasta lo Uno o Bien que es principio sumo de la belleza. Entenderemos que respecto de nuestro objeto la situación en la escala es doble por encontrarse compuesto tanto en lo material como en lo inmaterial. Decía Plotino que las cosas bellas lo son por su propio sustrato, así la virtud, o por participación en una forma, la cual hace uno de algo compuesto de muchos y se asienta tanto en las partes como en los todos, no teniendo aquí nada esencial que ver la teoría de las proporciones, como demuestra la existencia de la belleza en los objetos simples. El *arte* podrá dar belleza a una casa entera; una *naturaleza* particular podrá dar belleza a una piedra sola y entera. Y en este punto introduce Plotino sabiamente el acordamiento de la belleza con lo suyo y el juicio de ésta con el alma; pero la pregunta consiste en: "¿cómo es que lo inherente a un cuerpo es acorde con lo incorpóreo?". ¿Qué permite el acordamiento bello entre forma exterior y forma interior?: "Es que la forma exterior, si haces abstracción de las piedras, es la forma interior dividida por la masa exterior de la materia, una forma que es indivisa aunque aparezca en una multiplicidad. Así pues, cuando la percepción observa que la forma inmanente en los cuerpos ha atado consigo y ha dominado la naturaleza contraria, que es informe; cuando avista una conformación montada triunfalmente sobre otras conformaciones, congrega y apiña aquella forma desparramada, la reenvía y la mete dentro, ya indivisa, y se la entrega acorde, ajustada y amiga, a la forma interior"[38].

Si bien se atiende a la concepción hermenéutica de Dilthey, se comprobará su asimilación directa y nuclear de la lectura. Para él, que por otra parte desde un primer momento incardina el "método

---

[38] Cf. Plotino, *Enéadas, I-II*, I,6 (con Porfirio, *Vida de Plotino*), ed. de Jesús Igal, Madrid, Gredos, 1982, p. 380.

comparado" para la propia conciencia de la individualidad, entiende el *comprender* como *proceso en el cual, partiendo de signos sensiblemente dados, de algo psíquico, cuya manifestación son, conocemos este algo psíquico*. Los diferentes grados del comprender se hallan condicionados en primer término por el *interés*, siendo la *interpretación* la *comprensión técnica de manifestaciones de vida permanentemente fijadas*, trátese de artes plásticas, como ya proponía Wolf, o de la extraordinaria literatura. Consiguientemente, *el arte de comprender encuentra su centro en la interpretación de los vestigios de la existencia humana contenidos en los escritos*, cuyo tratamiento interpretativo y crítico es el punto de partida de la *filología*, siendo la crítica literaria el *aspecto estético* de ésta[39]. Según Dilthey, la amplitud madura del método hermenéutico acontece gracias a la prodigiosa coincidencia en Schleiermacher del virtuosismo filológico junto a la genialidad filosófica, asumiendo la interpretación de las obras como "desarrollo técnico del proceso de comprender que se extiende sobre toda la vida y que se refiere a todo género de discurso y escrito", superando las parcialidades gramaticales, históricas, estéticas y reales mediante una interpretación de lenguaje y después psicológica capaz de situarse en el "proceso creador interno", de avanzar hacia las formas exterior e interior. La base para la fijación de reglas interpretativas es proporcionada por el análisis del comprender, análisis que ha de efectuarse a la par que el análisis de la producción de las obras. Así, la relación entre comprensión y producción permite fundamentar el medio y el límite interpretativo. A propósito de exponer un desarrollo del concepto de *forma interior*, aduce Dilthey que "es necesario penetrar en la realidad, es decir, en la vida interna que se esconde tras la forma interna de la obra singular y de la conexión de esta obra. Es distinta en las diversas ramas de la creación. En los poetas, la facultad creadora, en los filósofos, la conexión de la con-

---

[39] Cf. W. Dilthey, *El mundo histórico,* Obras, VII, ed. de E. Ímaz, México, FCE, 1978, reimp., pp. 321-342.

cepción de la vida y del mundo, en los grandes hombres prácticos su práctica posición de fines frente a la realidad, en los religiosos, etc." Ésta es la conexión de la filología con el superior comprender histórico[40]. La forma en la lectura resultaría de la participación de un sujeto lector cuyo ejercicio de leer ya es premisa para la comprensión de la escritura. La lectura, la verdadera lectura, condición de la interpretación, por principio se apropia de la forma interior de la obra que se hace patente mediante la propia interpretación.

Lectura y escritura, al igual que un concepto de lenguaje no ajeno al espíritu, fueron abandonadas por la ciencia lingüística estructural-formalista dominante en el siglo XX, esa disciplina que modernamente se quiso autónoma y excluyente dentro del ámbito de los estudios filológicos con el fin de asemejarse a las ciencias físico-naturales. De esta anomalía proviene la supresión del Arte de la Lectura y buena parte de las dificultades actuales de las ciencias del lenguaje, hoy apresuradamente huidas hacia el terreno pragmático. Pero lectura y escritura han instituido por sí su configuración disciplinaria; parcialmente acogidas por la Crítica literaria, en especial la primera, han especificado por otra parte un sector de la Historia de la cultura perfectamente establecido como Historia de la escritura (de importante función auxiliar para diferentes disciplinas) y como Historia de la lectura (de la que otro tanto cabría decir en los últimos tiempos, que han visto su extraordinaria expansión). Por lo demás, existen otras disciplinas, perfectamente autónomas, pero atingentes, más allá de la Ortología, que es gramatical pero desde luego atañe también a la tercera y última operación retórica constructiva, la de *elocutio,* así como, tras la de *memoria,* a la de manifestación o ejecución final, la de *pronuntiatio* o *actio*: si la Paleografía viene a constituir el estudio de la escritura antigua para su lectura, la Grafología, ciertamente una

---

[40] W. Dilthey, ob. cit., p. 341. Véanse, además, sus ensayos (1886-1892) reunidos con el título de *Poética*, Buenos Aires, Losada, 1961, 2ª ed.; y sólo complementariamente, *Literatura y fantasía*, México, FCE, 1978, reimp.

forma de interpretación lectora, como es sabido define el estudio caligráfico en sentido psicológico de la misma, y constituye una suerte de metalectura[41].

Según veremos, estrictamente no toda escritura es correlato de un lenguaje oral, pero toda lectura sí depende de la escritura, que la funda como posibilidad. En origen, fonación articulada en cuanto principio del habla y trazo en cuanto principio de la escritura no son entendibles separadamente en el tiempo de la cultura. La escritura, como el dibujo, es una especialización del trazo originario, pero va a conducir a una dirigida y estricta formalización codificada para el tránsito visual con el fin de restituir el acto expresivo del lenguaje, la cadena hablada. La escritura, su disposición gráfica o fisonomía, exige una visión dirigida, en sentido perceptivo, exige una respuesta, regida por un código.

Ahora bien, de principio, lectura y escritura pertenecen al mundo de la visión que es anterior a cualquier tipo de significación predeterminada o a cualquier tipo de código. Ciertamente, el espacio de la visión es el espacio teórico total y el empírico de campo visible, todas sus posibles particularizaciones, cosas o figuras y, cosmogónicamente para nuestros intereses, el trazo originario como primera imagen intencional creada por el hombre en el mundo y fundamento de una particular contemplación así como de la lectura. Simbólicamente, el ojo en cuanto unidad es atributo transcendental del Espíritu, y su visión es comprensión. Pero la visión *natural* aparece enmarcada desde un lugar de mira, las dos líneas de mirada oculares del sujeto cuyo cuerpo es asimismo objeto de visión propia, creándose de este modo la más íntima relación experiencial entre espacio y figura, al igual que por otra parte de recepción psíquica de lo exterior en lo interior. Aquí reside, a mi juicio, el aspecto fundacional de la imposibilidad de objetivación del objeto y de autoobjetivación del sujeto mismo, y

[41] Si bien es verdad que existen diferentes 'grafologías' (tipológica, fisiológica, o meramente aplicativas como la judicial o la médica), entenderemos que la grafología no es básicamente sino una metalectura de objeto especial, una hermenéutica particular por tanto.

ello, paradójicamente, como resultado especulativo de la más plena y fundamental actividad originaria del sujeto. Esta actividad es la que ahora nos concierne, el resto pertenece a la estructura kantiana y a la penetración fenomenológica hegeliana y husserliana. En fin, si la visión se determina en lo visible, la figura, mediante la luz, es su condición, su razón de existencia. Funcionalmente, el proyecto de escritura define una visión *para*, y la lectura una visión *de* sólo posteriormente *para*.

La indagación metafísica de Heidegger acerca del espacio no tiene en cuenta la existencialidad de la correspondencia de lo que hemos llamado figura y el universo perceptual. Para él, en la comprensión del problema ontológico del espacio lo decisivo consiste en "arrancar la cuestión del ser del espacio a la estrechez de los conceptos del ser de que por azar se dispone, rudos encima los más, y en traer los problemas del ser del espacio, tanto en lo referente al fenómeno mismo cuanto a las varias espacialidades fenoménicas, al camino del esclarecimiento de las posibilidades del ser". Esto creo que ha de concebirse así, pero tomando el orden de los términos justo en sentido inverso, aun si se aceptase como *idea anterior* el apriorismo kantiano de la pura intuición, el cual entonces no dejaría de ser una hipótesis previa abandonada a sí misma. Y ahora serían emblemáticas ciertas enunciaciones heideggerianas: "*Ni el espacio es en el sujeto, ni el mundo es en el espacio*"; y esta conclusión: "El espacio únicamente puede concebirse retrocediendo al mundo"[42]. Retroceder al mundo, sin embargo, no es al fin sino retroceder paulatinamente hasta la experiencia sensible, hasta los primarios vínculos existenciales. Si tal cosa pudiera aislarse de este modo, diríase que el acto de ver es esencialmente el más metafísico que realizan los sentidos, pero a un tiempo también el más empíricamente objetualista y comprehensivo. Sea como fuere, la primera relación, la percepción originaria del hombre pertenece al mundo de lo sensible. Piensa Merleau-Ponty que la visión es "prepersonal"; y en general lo sensible, que posee significación motriz y vital, no es más que "cierta

[42] Cf. M. Heidegger, *El ser y el tiempo,* México, FCE, 1973, 2ª ed., p. 129.

manera de ser-del-mundo" la cual se propone al hombre desde un punto del espacio y es asumida por su cuerpo si es capaz de ello. La sensación vendría a ser una "comunión", se encuentra en la experiencia "primordial". Tanto un carácter general como una suerte de anonimia desprovistas de decisión corresponden a toda percepción. No obstante, es necesario dilucidar las relaciones fundamentales del campo perceptivo, pues, como explica el mismo Merleau-Ponty, "el sensor y lo sensible no están uno frente al otro como dos términos exteriores, ni es la sensación una invasión de lo sensible en el sensor. Es mi mirada lo que subtiende el color, es el movimiento de mi mano lo que subtiende la forma del objeto o, mejor, mi mirada se acopla con el color, mi mano con lo duro y lo blando, y en este intercambio entre el sujeto de la sensación y lo sensible no puede decirse que el uno actúe y el otro sufra, que uno sea el agente y el otro el paciente, que uno dé sentido al otro. Sin la exploración de mi mirada o de mi mano, y antes de que mi cuerpo sincronice con él, lo sensible no pasa de ser una vaga solicitación"[43]. Ahora bien, nótese que en el esclarecimiento de esta relación existe, explícita, una forma de conducta e implícito un orden de cualidades del sujeto que prefigura un esquema de valoración. Si lo sensible se concibe como objeto especial, depositario de intencionalidad o de una codificación específica, y no como mera cosa dada, el establecimiento de tal relación pasará inevitablemente al plano más determinativo de las significaciones, o al mundo circunscrito de lo utilitario, de lo artístico o de lo mistérico-religioso. Éstas son las *grandes escrituras* y las subsiguientes *grandes lecturas*, los *cursos* mayores.

La lectura es convergencia de percepción de la figuración plástica y de intelección de la cadena articulada del discurso. Las primeras actividades conscientes productoras de figuración plástica del hombre mediante su cuerpo seguramente son la propia sombra y la huella sobre el suelo, con sus inequívocas relaciones de transposición mimética. Todo esto posee sin duda una fuerte incidencia perceptual

[43] M. Merleau-Ponty (1945), *Fenomenología de la percepción,* Barcelona, Planeta-Agostini, 1985, p. 229.

estética así como en la forma mental humana. Cuando el primate fija su mano en la piedra valiéndose de pigmentaciones ya es un ser de múltiples destrezas y aprendizajes verdaderamente próximo al ser humano. El camino que conduce a la creación de la pintura y la escritura, formas de expresión y comunicación, surge del trazo originario. Sólo a partir de ahí es posible la lectura. En todo caso, el primer lector es quien escribe.

La lectura originaria en sentido fónico diríase resultado de una convergencia de atención mental perceptiva y consecuente fuerza oral. La Retórica clásica, particularmente desde Quintiliano, y la prosodia tradicional explicaron las relaciones pragmáticas entre el ánimo y la voz o la entonación. La literatura, la poesía especialmente fueron hasta tiempos recientes para leídas en voz alta, a partir de lo cual es pertinente establecer una perspectiva artística y estética de la lectura allegable a las disciplinas dramáticas y de la declamación, así como al concepto de ritmo[44]. Más allá de la lectura literaria y la lectura dramática en voz alta, originalmente la recitación del rapsoda y del aedo, la recitación épica que se reitera en todo nacimiento de civilizaciones, por antonomasia mediante la épica, constituye una suerte de lectura mental o nemotécnica del poema.

La tesis idealista sobre el origen del lenguaje (Vico, Rousseau), que hace recaer su surgimiento de la expresión de sentimientos mediante lenguaje figurado, mediante el grito o el susurro del amor y del dolor permite conducir la consideración de la voz eminentemente desde un principio a una esfera relativa a las categorías estéticas, a los valores de belleza y sublime, de tragedia y comedia, de fealdad y grotesco. La lectura, en razón de los contenidos del discurso y las potencialidades expresivas de éste y del lector, es referible en tanto que construcción fónica o sonora a dichas categorizaciones estéticas. Gran número de atribuciones estéticas directamente categoria-

---

[44] Véase Mª D. Abascal, *La teoría de la oralidad,* Málaga, *Analecta Malacitana*, 2007, pp. 121 ss.; Id., *Retórica clásica y oralidad*, Málaga, *Analecta Malacitana*, 2005.

les o no, como admiración, angustia, armonía, asombro, aspereza, barroquismo, comicidad, divino, elegancia, elevación, estilo, gracia, grandeza, horror, inefable, no sé qué, patético, pintoresco, etcétera, son predicaciones atribuibles a la descripción valorativa tanto de la voz como de la voz resultado de la lectura oralizada. Si la oralización de la lectura cabe ser examinada mediante criterio no sólo físico sino psicológico y artístico, estético, asimismo esto es especificable histórico-estilísticamente.

No toda escritura es correlato de un lenguaje oral, pero toda escritura define algún modo de lectura. Aunque en exceso reductora, se puede tener en cuenta a modo de fórmula funcional una distinción como la que clasifica únicamente dos grupos de escrituras: las ideográficas, o aquellas que directamente transmiten una idea mediante la imagen, y las alfabéticas, o aquellas que con posterioridad al traslado de una idea a sonido articulado realizan una nueva transposición, de éste, a un signo gráfico que lo simboliza[45]. Pero naturalmente la realidad histórica es mucho más complicada, pues lo dicho no invalida en absoluto el hecho de que los signos gráficos esquemáticos, y la letra al fin, resulten de la esquematización de pinturas o pictogramas que intentan representar directamente la realidad, o sugerencias acerca de la misma[46]. Cuando menos originariamente, parece muy probable que la representación pictográfica con un grado suficiente, si bien elemental, de codificación como para poder erigirse en sistema comunicativo es anterior —digámoslo así— al lenguaje oral en un estadio similar de articulación elaborada. Tampoco existe relación de necesidad entre determinado sistema escritural y su correspondiente fonético, lo cual quiere decir que son posibles las traslaciones: el antiguo egipcio se sirvió de tres sistemas de escritura, mientras que el japonés adoptó el sistema gráfico del chino asimilándolo a su propia organización fonética.

---

[45] Cf. A. Gaur, *Historia de la escritura,* Madrid, Fundación Germán Sánchez Ruipérez, 1990, p. 16.

[46] Véase el adecuado planteamiento de J. Elliott, *Entre el ser y el pensar. La pintura y las escrituras pictográficas,* Madrid, FCE, 1976, p. 16.

Mantendremos, generalizando, que el "pensamiento visual", no argumentativo, es evidentemente anterior al pensamiento lingüístico[47]. Esto no significa, desde luego, la inexistencia de formaciones intermedias (así el antiguo egipcio), y que, por otro lado, en un principio, la cuestión de fondo ha de ser entendida desde una perspectiva antropológica mucho más comprehensiva. Explica Cassirer, a propósito de la dialéctica de la conciencia mítica en el tiempo de los orígenes, cómo los tres estadios de la evolución de las *formas lingüísticas*, el de la expresión mímica, el de la analógica y el de la simbólica, describen un proceso que avanza desde la confusión entre el signo lingüístico y el contenido intuitivo al cual se refiere hacia una creciente diferenciación que alcanza a separar *sonido* y *significado*, constituyendo así la esfera del "sentido" lingüístico en cuanto tal. Durante el tiempo de los comienzos en la palabra no se aprehendía su significación sino un ser y una fuerza sustanciales pertenecientes a la *esfera de la existencia*. Esta palabra no se dirige a un contenido material, pues se sitúa justo en su lugar y se convierte en poder que interviene sobre el acaecer empírico y su encadenamiento causal. Y añade Cassirer que lo válido para el signo hablado es en su mismo sentido válido para el signo escrito; el signo de la escritura tampoco es *captado* como tal de inmediato, sino que es concebido como parte del mundo de los objetos, como extracto de todas las fuerzas en él contenidas. Aunque no pienso que de manera absoluta sea así, toda escritura, como dice Cassirer, comienza como signo mímico, imagen gráfica, sin que la imagen tenga todavía el carácter significativo y comunicativo, sino más bien tienda a representar al objeto mismo, sustituirlo tomando su lugar. En sus orígenes y en sus configuraciones primarias, la escritura también pertenecería a la esfera mágica; serviría para apoderarse de algo mágicamente o para rechazar mágicamente algo. El signo que se imprime a un objeto haría que éste se incorporase a la esfera de acción propia del sujeto y alejase de

---

[47] Cf. R. Arnheim, *El pensamiento visual,* Barcelona, Paidós, 1986. Acerca del problema de la relación entre percepción y lenguaje verbal, a propósito de Herder, Humboldt y Cassirer, pp. 246 ss.

él influjos extraños. Según más puramente objetiva sea la escritura, según más se asemeje a aquello que pretende representar, dicho objetivo tanto más perfectamente se alcanza. Por ello, "mucho antes de que el signo escrito sea entendido como expresión de un objeto, puede decirse que es tenido como la suma sustancial de los poderes que emanan de él, como una especie de sombra demoníaca del objeto. Sólo cuando se desconoce esa emoción mágica, la atención se vuelve también de lo real a lo ideal, de lo sustancial a lo funcional. De la escritura de imágenes directas se desarrolla la escritura silábica y, finalmente, la escritura fonética, en la cual el ideograma inicial, el signo-imagen se ha convertido en un puro signo significativo, en un símbolo"[48].

A mi juicio, la expresión plástica y la expresión oral se originan independientemente o, en todo caso, manteniendo una relación arbitraria, aunque inmediatamente todo ello se complica a través de las posibles vinculaciones de los elementos gráficos y verbales. Si la escritura presenta la posibilidad de toda lectura y mediante la cadena hablada la realización verbal oral, asimismo y en principio, en una suerte de hipotiposis encadenada ofrece la visión de la lectura o que tal deviene. Esto no quiere decir que hayamos de entender que la lectura primigenia sea por fundamento oral, sino sólo en ciertas circunstancias preferentemente oral. Entre las grandes maniobras originales de la actividad humana psíquica y perceptiva que rompe entre lo indiferenciado es de presuponer, entre la rudeza y el vértigo anímico casi instintivo, la expresión silenciosa de la contemplación en cualquier sentido, sin duda consecuente con el golpe interrogativo del pasmo que no alcanza enunciación.

Es de considerar aquí la cuestión históricamente problemática de las relaciones entre escritura y memoria y la resolución socrática, sobre todo suscrita en el *Fedro,* como valoración de aquélla en tanto que apariencia y provocadora de olvido en razón de que haría perder la capacidad de la memoria. Según el análisis de Havelock, se ha convenido en que la época de Platón es el momento decisivo del

---

[48] Cf. E. Cassirer, *Filosofía de las formas simbólicas*, México, FCE, 1972, vol. II, p. 292.

inicio de la cultura alfabética, y que su obra, reflejo de esta situación da cuenta del abandono de la oralidad poético-mimética ante el desarrollo de la escritura[49]. Con todo, Giovanni Reale ha advertido acerca del reduccionismo de Havelock en lo que concierne a la directa interpretación de Platón, pues la dificultad y aparente contradicción de la postura platónica, si por una parte preconiza el abandono de la cultura oral poético-mimética, por otra parte efectúa una defensa axiológica de la oralidad para los cometidos importantes de la filosofía; y si de un lado critica la escritura, de otro se expresa mediante ésta como artista sin parangón. Detalles aparte, Reale entiende que Platón se propone una oralidad dialéctica de los asuntos filosóficos frente a la oralidad mimética; que Platón se vale de dos lenguajes, uno explícito y claro, otro alusivo destinado a sus discípulos, conocedores de sus 'doctrinas no escritas'; y en fin, que Platón esboza en el Fedro la circularidad hermenéutica alcanzada por Scheleiermacher y Heidegger, por cuanto sostiene que la comprensión adecuada de los escritos *sólo puede hacerla el que tiene conocimiento previo de las cosas sobre las que habla el escrito*, y se equivocaría quien creyese que mediante la escritura pudiera transmitirse un arte y extraer algo consistente, considerando que *los discursos puestos por escrito son algo más que un medio para traer a la memoria de quien sabe las cosas sobre las cuales versa el escrito*[50].

La cultura griega clásica, eminentemente oral al tiempo que difusora escritural y, cabría añadir, gran paréntesis entre los mundos culturales de la pictografía y los mundos culturales de las religiones del Libro, más allá de los textos platónicos no fundamenta, o no se nos ha transmitido, en la medida en que acaso hubiera sido de esperar, una reflexión esencial sobre la escritura. No obstante, piénsese en qué debió suponer en sus momentos iniciales la retransmisión escrita

---

[49] E. A. Havelock (1963), *Prefacio a Platón,* Madrid, Visor, 1994, e Id. (1986), *La musa aprende a escribir. Reflexiones sobre oralidad y escritura desde la Antigüedad hasta el presente,* Barcelona, Paidós, 1996. Puede verse una adecuada contextualización de todo ello en Mª D. Abascal, *La teoría de la oralidad*, ob. cit.

[50] Véase G. Reale (1998), *Platón. En búsqueda de la sabiduría secreta*, Barcelona, Herder, 2001.

del texto homérico y, de otra parte, el posterior gran fenómeno técnico, filológico y sencillamente escritural y lectural que llegó a instituir la Escuela de Alejandría[51]. Sea como fuere, la directa nitidez con que se efectúa la fijación de un texto moderno desde el punto de vista de su lectura y significado es algo que no puede hacer olvidar que durante siglos no fue así. Se ha podido decir que la teoría y la práctica de la lectura variaron sustancialmente entre la época de San Agustín y la de Santo Tomás: es el problema de que los enunciados no dicen o parecen decir lo que quieren decir y dan lugar a una lectura entre líneas que tardó mucho en asentar una idea de texto e interpretación estable. Otra cosa es que la escritura, evidentemente, no representa elementos de la significación a veces incluso decisivos que sí ofrece la emisión oral, como es el caso frecuente de los tonos[52].

Pienso que podría hablarse de un *habla primordial* sin escritura, de un curso originario directa y estrictamente vinculado aún a la expresión del espíritu, de un espíritu, por así decir, informe; e incluso de una *lectura primordial*, originaria, fundada en una escritura originaria correspondiente al habla primordial. Pero igualmente, desde una perspectiva inversa, puede decirse que es en la escritura donde el lenguaje accede a su verdadera espiritualidad, pues la escritura hace posible la soberanía de la conciencia comprensiva ante la tradición, el que la conciencia lectora tome "posesión potencial de su historia. No en vano el concepto de la filología, del amor a los discursos, se transformó con la aparición de la cultura literaria en el arte omniabarcante de la lectura, perdiendo su relación originaria con el cultivo del hablar y argumentar"[53]. Esto es así en cierta tradición académica, sin duda dominante, pero no única.

---

[51] Puede verse una presentación de estos problemas en L. D. Reynolds y N. G. Wilson (1974), *Copistas y filólogos. Las vías de transmisión de las literaturas griega y latina*, Madrid, Gredos, 1995.

[52] Cf. D. R. Olson, *El mundo sobre el papel. El impacto de la escritura y la lectura en la estructura del conocimiento*, Barcelona, Gedisa, 1999, pp. 168 ss. y 115 ss.

[53] Cf. H.-G. Gadamer, *Verdad y método*, ob. cit., p. 470.

Cabe establecer una distinción entre lo que podemos llamar *lectura figurada* y *lectura funcional* según se ejerza sobre escrituras pictográficas o sobre escrituras cursivas lineares. Es sabido, por otra parte, que existe una fisiología de la lectura, que pueden detectarse ciertos fenómenos de uno u otro hemisferio del cerebro según da lugar la lectura de textos ideográficos o de textos alfabéticos, aparte de las circunstancias propias de la utilización de un sistema u otro muy diverso de transcripción aun tratándose de lenguas muy próximas, como sucede con el chino y el vietnamita[54]. Sea como fuere, la escritura, como pensaba Humboldt a propósito de la escritura alfabética, hace visible la articulación de la lengua[55]. Históricamente, las cuatro grandes escrituras (cuneiforme sumeria, jeroglífica egipcia —que desarrollaría dos formas cursivas—, jeroglífica hitita —de base pictográfica como la egipcia—, ideogramática china —desde el segundo milenio a.c. dotada de sistema fonético perfectamente conocido—) tendieron a una formación cursiva y lineal simplificadora que frecuentemente hace olvidar los antiguos dibujos originales, si bien los sistemas egipcio e hitita conservaron hasta el fin su carácter pictórico. Como describe Gelb, "en sumerio y en chino, los signos de las formas, tanto monumentales como cursivos, son en gran parte lineales, mientras que en egipcio y en hitita los signos de la forma monumental son principalmente pictóricos, pero en la forma cursiva son sobre todo lineales"[56]. Nada parece desdecir que existieran al-

[54] Cf. P. Saenger, "La separación de las palabras y la fisiología de la lectura", en D. R. Olson y N. Torrance (comps.), *Cultura escrita y oralidad*, Barcelona, Gedisa, 1995, pp. 263-284.

[55] Cf. W. Humboldt, "Sobre la escritura alfabética y su conexión con la estructura de las lenguas", en Id., *Escritos sobre el lenguaje*, Barcelona, Península, 1992, pp. 101-132.

[56] Véase I. J. Gelb, *Historia de la escritura,* Madrid, Alianza, 1976, p. 136. El ya clásico y pionero trabajo de Gelb puede complementarse con W. Senner (comp.), *Los orígenes de la escritura,* México, Siglo XXI, 1992. Para una discusión acerca de éstos véase R. Harris, *The Origin of Writing,* Londres, Duckworth, 1986. Para una interpretación de tendencia psicoanalítica, G. Pommier, *Naissance et renaissance de l'écriure,* París, PUF, 1993; y de tendencia pragmática, L. Godart, *L'invenzione della scrittura, Dal Nilo alla Grecia*, Turín, Einaudi, 2001, 2ª ed.

ternancias, no sólo por imperfección técnica, en la lectura oral de la cadena escrita, especialmente si en ésta no era estable la cursividad linear. Se diría que las escrituras egipcias hacen patente el régimen de lo indiferenciado, la convivencia de lectura oral y contemplación silenciosa.

Desde luego, cada lengua establecida posee su propia y compleja historia, refleja externa e íntimamente una peculiar proyección antropológico-cultural desde la conciencia mítica a la discursiva y socializadora, y su resultante escritural no es para nosotros ahora tanto un problema técnico de génesis como una realidad gráfica dada a la cual atenerse descriptiva o interpretativamente y atender en su proyección lectora[57]. Si el hecho, en primer término, consiste en que el aspecto gráfico-espacial se encuentra en un lugar central del problema de la formación de las lenguas naturales y su incidencia comunicativa, no se puede dejar de advertir por otra parte que ese aspecto se halla relacionado con la abstractiva vinculación simbólico-geométrica de la mente humana con la naturaleza[58], al igual que en sentido inverso repercute como mediador en la organización religiosa, económica, administrativa y jurídica de la sociedad. Pero existe un misterio en el punto de la relación inicial, y su desarrollo, entre fonación y trazo gráfico.

La representación gráfico-espacial de las lenguas, que es estrictamente el objeto material de lectura, determinada por la necesidad humana de transmisión y durabilidad comunicativa e informativa, que es la garantía lectora, se constituye mediante un uso específico del espacio, como figuración del espacio en cuanto fragmento demarcado por el campo visual y su posible movimiento sucesivo; esto es, 180º horizontalmente y unos 120º en vertical. Evidentemente,

---

[57] Ciertamente es ejemplar el caso del chino, la lengua más antigua que permaneciendo en transformación y uso constantes jamás tuvo que ser descifrada. Puede verse una historia de los caracteres desde su primera configuración rupestre y pictográfica hasta su conclusión ideogramática, en Wang Hongyuan, *Aux sources de l'écriture chinoise,* Beijing, Sinolingua, 1994.

[58] Puede verse O. M. Aïvanhov, *El lenguaje de las figuras geométricas,* Fréjus, Prosveta, 1989.

esta generalidad fisiológico-empírica atiende a cualquier focalización concreta, trátese pues de la lectura de escrituras monumentales o de escrituras cursivas. En todo lo sustancial, aquí únicamente nos interesará la lectura de la escritura cursiva, aquella cuyo reducido tamaño exige al ojo una acomodación con enfoque para distancia de visión de cerca, que en condiciones normales nunca excede los 50 centímetros, o a lo sumo de visión media, en el caso, por ejemplo, de ciertos jeroglíficos o de libros de tipos gráficos relativamente de gran tamaño[59]. Podemos atenernos sin dificultad al concepto óptico de dimensión aparente (tamaño con que se aparece un objeto a cualquier distancia), puesto que nos referimos a objetos que en este sentido no plantean problemas relevantes, sobre todo en la medida en que nos alejemos de las formaciones pictográficas y no entremos en las plástico-textuales, las cuales vienen a constituir en este sentido una sección intermedia entre el texto escritural y la obra puramente plástica. La pintura (y por supuesto el bajorrelieve y la escultura) presenta por su parte una problemática de gran variabilidad técnico-visual, así como también es distinto el caso del fenómeno más puntual que representa la fotografía, pero sobre todo la llamada poesía concreta, en la que a menudo se entremezclan elementos gráficamente de naturaleza muy heteróclita. En todo este terreno existe una gran carencia de estudios. Acaso en lo que tiene que ver con el libro, observado normalizadamente en cuanto objeto total, e incluso la página, convenga señalar la posibilidad de variación de su dimensión aparente, según la distancia de visión y las características del lugar donde ésta se efectúa[60]. Por lo demás, es de advertir que la extensión del campo visual varía según el color: si se toma como punto medio el color rojo, el campo visual se extiende para el azul y disminuye con el verde. No se olvide que el color es una realidad psicofisiológica. Por lo común, el soporte que —para entendernos— sirve de base a la escritura, y que determina en la visión de cerca el campo de mira

[59] Y. Le Grand, *Optique physiologique,* París, Éditions de la Revue d'Optique, 1948-1956, 3 vols.; J. Trotter, *El ojo,* Bruselas, Société d'Optometrie d'Europe, 1966.

[60] Véase Y. Perelman, *Física recreativa,* Barcelona, Martínez Roca, 1986, p. 162.

(esto es, el conjunto de puntos que es posible mirar sucesivamente en virtud de los movimientos oculares), al ser de color neutro o casi neutro, blanco (u otro próximo), ofrece una relación adecuada para la percepción constante y contrastada del negro de la escritura, también cromáticamente neutro, por ausencia o absorción completa de los colores. Si la valencia cromática no sólo depende de la tonalidad (lo que usualmente llamamos color) y de su saturación, sino también de la luminancia, en el caso de los colores neutros será este último factor el único a discriminar. O dicho de otro modo, es sin duda un factor materialmente externo (o circunstancial; no ajeno) al objeto aquello que condiciona la calidad de visión del mismo. Una conveniente contextualización de los sistemas perceptivos nos hará recordar que, dentro de la gama de radiaciones electromagnéticas, aquellas que intervienen en el ojo y hacen posible la sensación luminosa corresponden a una zona muy estrecha, mientras que respecto del sonido es delimitable una franja de intervención muchísimo más extensa. No deben omitirse estas consideraciones, aunque naturalmente a nosotros sólo nos interese la luz visible.

Hay que observar en relación a la lectura la incidencia de la iluminación tanto globalmente en el lugar como respecto del punto de mira. En general, a superficies de tasa débil de reflejo conviene una iluminación mayor, y, por supuesto, a menor tiempo de focalización también es necesario un mayor nivel de iluminación, pero debiéndose controlar el riesgo de deslumbramiento. Si el deslumbramiento directo disminuye la agudeza, el indirecto (sobre el objeto) provoca alteración de los contrastes. La visibilidad es mayor en la medida en que entre los detalles y el fondo se ofrezca un mayor contraste. Por otro lado, si la función de la agudeza visual se caracteriza conjuntamente por el poder selectivo o separador (capacidad de distinción de puntos u objetos bajo un pequeño ángulo) y por la agudeza de alineación (capacidad de percibir el desplazamiento de dos líneas de las cuales una es prolongación ligeramente desplazada de la otra), sobre las que incide la sensibilidad a las formas (capacidad de reconocer exactamente las formas de los objetos), piénsese además que no es factible diferenciar con nitidez entre dichos componentes de la agudeza. Asimismo —volviendo a las concreciones anteriores— entre brillo, contraste y dimensión existe un juego de relaciones en el cual el cambio de un sólo factor puede alterar la visibilidad de ciertos elementos o detalles. Toda esta serie de factores desempeña, conjuntamente o por separado, un papel muy relevante tanto en la construcción empírica gráfico-espacial del texto como en su recepción acabada. Distinto problema es cuando el texto escritural llega al receptor sometido a un alto grado de arbitrariedad material compositiva. De todos modos el texto compuesto, desde ese momento hecho para su difusión, es como es, y así se recibe, sujeto indeclinablemente a la concreta materialidad empírica de tintas o pigmentos y soporte que ya le es prácticamente inherente, al menos en la edición utilizada. Resulta claro, no obstante, que comúnmente la ideación del autor (o del autor/editor en otro caso) puede quedar relativamente delegada en la normal actividad gráfica compositiva sin grandes riesgos, pues existe, sin duda, un notable nivel de acuerdo o compromiso, a veces no sólo implícito y fijado por las costumbres aceptadas y usualmente atentas a la acomodación lectora.

En el ámbito de la excepcionalidad, especialmente, la ideación gráfico-espacial del texto qué duda cabe de que nace en mente del autor ya planeada sobre un marco de posibilidades formales o expresivas desde el cual es factible, en casos peculiares sobre todo, acceder a un tipo de realización especial. Hay textos que nunca han llegado materialmente a ser según se idearon, o lo son de una manera no deseable, por motivos de complejidad técnica o de orden mercantil, pero también los hay que mejoraron la identidad de su *plano básico* como consecuencia de su adecuado tratamiento editorial. Esto al margen, por supuesto, de posibles perfectibilidades o mutaciones y adiciones, puramente ornativas o no, ajenas a la voluntad del autor y que pudieran incidir incluso en el *plano secundario* de la obra literaria en cuanto gráficamente artística. Lo mismo vale para los manuscritos, u otros medios no caligráficos, y su reproducción. Este cuadro general presenta un esquema de límites de aceptación común, o de vigilancia especial en los casos peculiares, pero también evidentes posibilidades para la transgresión de sus restricciones habituales. Y la mirada siempre rige el punto de vista tanto del receptor como del productor.

Se ha dicho a veces que se escribe con todo el cuerpo; se podría añadir que igualmente se lee. La acción de mirar es una actividad tan usual como compleja que se realiza con todo el cuerpo dirigido por el cerebro y no solamente mediante el centro óptico del hombre. El globo ocular puede ser representado como una cabeza articulada movida por músculos externos dispuestos de tal modo que es posible el movimiento de rotación en todas direcciones, quedando únicamente inmóvil un punto (centro de rotación) en el interior del ojo que en el transcurso de cada movimiento concreto de éste participa en un eje de rotación formado por una línea de puntos inmóviles. Según la sintética exposición de Trotter acerca de la movilidad visual, "el punto de partida de las nociones sobre el recorrido de los movimientos oculares es lo que se llama *posición fundamental o primaria* de los ojos, en la que éstos —la cabeza y el cuerpo bien derechos— miran directamente al frente. Cuando, como consecuencia de un movimiento simple horizontal o vertical, los ojos toman una nueva posición, ésta se designa con el nombre de posición secundaria. Se levanta (o baja) la mirada cuando el movimiento que lleva a la posición secundaria se hace hacia arriba (o hacia abajo). Los movimientos horizontales que abandonan la posición primaria se llaman conversiones laterales, que se dividen en aducciones (hacia el interior) y abducciones (hacia el exterior) y en los que se advierte, durante los movimientos horizontales binoculares, que (salvo para la convergencia) la aducción de un ojo se acompaña siempre de la abducción del otro [...] En fin, señalemos aún los giros que son rotaciones del globo ocular en torno de la línea de mira. Los giros sirven sobre todo para compensar las inclinaciones oblicuas de la cabeza y del cuerpo. Al contrario de las rotaciones laterales u horizontales del ojo, los giros no están sometidos al control de la voluntad. Pero los ojos están lejos de encontrarse siempre en posición primaria o secundaria pura. Se conoce un gran número de otras posiciones provocadas, a partir de la posición primaria, por un movimiento complejo horizontal-vertical o por una rotación oblicua. Cada una de estas posiciones tiene el nombre de *posición terciaria*. El paso de una posición cualquiera a otra se efectúa según reglas determinadas. Se entiende que todo lo que decimos se refiere a las dos líneas de mirada"[61]. Esta descripción transcrita representa la estructura básica pragmática de primeras posibilidades y restricciones inconmovibles, tanto para el que escribe o compone gráfico-espacialmente como para el lector o receptor. Los sentidos, llamativamente la vista y el tacto, actúan con modos de asociación mucho más imbricados de lo que de ordinario se pudiera pensar. Esto es algo bien sabido desde los importantes estudios de Krakov sobre el ojo y su función. Ahora bien, aunque por supuesto se hallen estrechamente relacionados, los sentidos esencialmente son diferentes y, en consecuencia, la utilización dominante o concentrada de uno u otro especifica no sólo una especialización de implicaciones entre sujeto y objeto sino también una diversa posibilidad de percibir o configurarse en el mundo. La recepción gráfico-espacial del texto, del texto escritural normal, exige, pues, además de un tipo de concentración perceptiva, una posición secundaria de los ojos y el desarrollo de un esquema de rotaciones constantes de ida y vuelta cuya linealidad reiterativa subraya la ejecución de un orden de movimientos discursivos que se suceden a sí mismos y es análogo, si bien materialmente segmentado, a la espacialmente no visible o configurada linealidad temporal del mismo en cuanto discurso hablado.

En la recepción visual, a diferencia de la auditiva, el receptor se atiene a la focalización de un objeto estático, del cual usualmente él mismo dispone, susceptible de un recorrido lineal dinámico previamente libre y por propia decisión no sometido a los habituales avatares de la ambigüedad circunstancial del discurso oral. Naturalmente, esto no excluye cualquier clase de situaciones anómalas o de actitudes experimentales. Lo importante consiste en que cada cultura

---

[61] Cf. J. Trotter, *El ojo,* cit., pp. 147-148.

y sus diversos medios condicionan las formas de esta actitud ya a partir de la elaboración del objeto. Es la fijación y recorrido de la mirada sobre las distintas modalidades de lo visible formalizado, las distintas escrituras, transpóngase o no la palabra, al margen de las variables representaciones mentales, a emisión fónica. Por otra parte, se puede afirmar en líneas generales, siguiendo a McLuhan, que el hombre alfabético y, en un siguiente grado, el hombre tipográfico definen una suerte de especialización "esquizofrénica" decisiva para la "destribalización", así como el hecho de que el predominio de la electricidad y los medios fríos de comunicación electrónica vienen a producir en nuestro tiempo un cambio en sentido inverso. Dice McLuhan, tomando como punto de partida un estudio de Carothers, que no hubo más alternativa que "considerar a todos los hombres responsables tanto de sus pensamientos como de sus actos. Su mayor contribución es haber señalado la escisión entre el mundo mágico del oído y el mundo neutro del ojo, así como la aparición, en esta ruptura, del hombre destribalizado. Se sigue, desde luego, que el hombre conocedor del alfabeto, cuando lo encontramos en el mundo griego, es un hombre escindido, un esquizofrénico, como lo han sido todos los hombres que saben leer desde la invención del alfabeto fonético. La mera escritura, sin embargo, no tiene la fuerza peculiar de la tecnología fonética para destribalizar al hombre. Dado el alfabeto fonético, con su abstracción de significado del sonido y la traslación de sonidos a un código visual, los hombres se vieron asidos a una experiencia que los transformaba. Ningún sistema pictográfico, ideográfico o jeroglífico de escritura tiene el poder destribalizador del alfabeto fonético. Ninguna otra clase de escritura, sino la fonética, ha sacado jamás al hombre del mundo posesivo, de interdependencia total y de relación mutua que es la red auditiva. Desde aquel mundo mágico y resonante de relaciones simultáneas que es el espacio oral y acústico, sólo existe un camino hacia la libertad e independencia del hombre des-tribalizado. Este camino es el alfabeto fonético, que lleva al hombre al mismo tiempo a grados variables de esquizofrenia dualista"[62]. McLuhan ha contribuido de manera decisiva a plantear cuestiones imprescindibles para el análisis de nuestra cultura tales son las relaciones de los sentidos y los procesos mentales con la interiorización del medio comunicativo que es la letra y sus indudables repercusiones en la concepción del tiempo y el espacio; o las relaciones del texto tipográfico con la literatura o la ciencia y la realidad sociopolítica e histórica.

Es posible descomponer diferentes grados del proceso perceptual del texto en correspondencia con los grados de la estructuración gráfico-espacial del mismo. No me interesa entrar aquí en el orden de esas estructuras[63], y me referiré en principio al aspecto *direccional* y *lineal*, si bien después hayamos de volver a consideraciones perceptuales más básicas o externas del objeto. Sin duda la invención de la escritura instituye un modo de configurar y configurarse el hombre en la realidad. El ojo humano se diferencia en poco del de los animales en general, pues primariamente vivimos en un mismo mundo. El hecho fisiológico de la movilidad de los ojos en todas las direcciones es aquello que permite al cerebro instrumentalizar un marco amplísimo de posibilidades y seleccionar, dentro del arco que discurre desde la conciencia mítica hasta la conciencia lógica, una gama de opciones cuya previa peculiaridad antropológica ha creado formas de escritura singularizadas para todas las direcciones posibles de la mirada, así como diferentes modalidades de trazado y medios materiales destinados a su consecución, lo cual es condición de tales formas y sus evoluciones. Puesto que la dirección lectora no es otra que la dirección de escritura, en los sistemas de escritura occidentales, y en general los alfabéticos, funciona lineal y paralelizadamente de izquierda a derecha, en los sistemas semíticos se realiza de derecha a izquierda, en los orientales, del chino o el japonés, es de arriba hacia abajo...; y a esto hay que añadir las distintas posibles ordena-

---

[62] M. McLuhan, *La galaxia Gutenberg,* Barcelona, Planeta-Agostini, 1985, pp. 33-34.

[63] Puede verse en mi trabajo *El signo y el espacio*, cit., que aquí mantengo sustancialmente.

ciones de las líneas cursivas (arriba-abajo, abajo-arriba, izquierda-derecha, derecha-izquierda). Además, las direcciones de las escrituras han sido también otras muchas, sobre todo en tiempos antiguos. Es el caso de las direcciones circulares, las irregulares o alterables, o la variedad de las ondulaciones aztecas. Y a su vez, la dirección interna de los signos se halla igualmente sujeta a variación, aunque por lo común las escrituras pictográficas disponen sus signos de cara al inicio de línea, mientras que las alfabéticas lo hacen siempre de cara al final de la misma. En las escrituras alfabéticas, según describe Judy Martin, la estructura de las letras, básicamente formada sobre el modelo romano, debe tener en cuenta tanto los principios de proporción como de peso. "Cualquier forma alfabética, aunque sea muy elaborada, se puede reducir a un simple esqueleto que muestre la construcción básica de cada letra, la proporción correcta de sus partes componentes, y las proporciones de cada letra en relación con las demás, en términos de altura y anchura. El carácter distintivo de una letra depende de si se escribe con trazos rectos o curvos, de si los trazos rectos son verticales, horizontales u oblicuos, y de si las partes curvas son abiertas o cerradas. Estos elementos constituyen lo que Johnston describía como la 'forma esencial' de los alfabetos; Johnston insistía en que cada letra debe ser distinta de las demás en virtud de su construcción básica, que debe ser simple, sin partes innecesarias, y que debe estar correctamente proporcionada, sin ninguna parte exagerada o minimizada. Además, es importante que las letras de un alfabeto presenten característica 'de familia', consistencia en los ángulos de las uniones entre trazos, y en la amplitud o profundidad de las formas curvas, por ejemplo. El esqueleto de un alfabeto se puede descubrir usando un instrumento puntiagudo —un lápiz o rotulador de punta de fibra— para reproducir las letras, limitándose a los elementos más básicos que describen las formas"[64]. Frente a la nítida uniformidad lineal de trazado, de base y altura de las letras mayúsculas, las minúsculas, mucho más variables, desde la linealidad de su cuerpo de base ascienden o descienden indistintamente. Esta

---

[64] Cf. J. Martin, *Caligrafía,* Madrid, Blume, 1985, p. 90.

diferencia elemental no se asienta definitivamente hasta tiempos de la invención de la imprenta. Tipográficamente, la altura del cuerpo de la letra se designa como altura de la x. Martin subraya la extraordinaria importancia del espacio interno de la letra, y no sólo del tipo de sus ángulos, haciendo notar en el esqueleto de la letra O (que ha de calcularse sobre los ejes y ángulos de un cuadrado), sea la redonda clásica o la elíptica itálica, a partir de cuyas formas curvas se establece el criterio de las demás formas curvas de las restantes letras. En las clásicas romanas o de esta procedencia se advierte una redondez erguida de gran apertura y sentido majestuoso, mientras que en las itálicas o de este origen el carácter ovalado y comprimido procedente de sus curvas más cerradas otorga un sentido más vigoroso desde el inicio del asta principal. Aunque existen diferencias entre el peso real de una letra y su peso aparente, es decir entre su estructura cuantitativa y su cualidad visual o de efecto óptico en el conjunto discursivo de la página, el peso de una letra, desde un punto de vista caligráfico, como dice Martin "se describe en términos del número de anchos de plumilla que caben en su altura. Esto se establece poniendo la pluma en posición horizontal, paralela a la línea de escritura, y marcando los anchos de plumilla en disposición escalonada, a partir de la línea basal. La medición demuestra que las letras de una misma altura pueden ser pesadas si se escriben con una plumilla ancha, o ligeras si se hacen con una plumilla relativamente fina, y esto se determina por la cantidad de espacio ocupado por un sólo trazo de pluma. En términos generales, una letra cuya altura sea menos de cuatro anchos de plumilla es relativamente pesada, y las que miden más de cinco anchos tienden a ser ligeras"[65]. Todo ello, que asimismo se puede transponer fácilmente a un punto de vista tipográfico, configura la lectura en tanto que impresión perceptiva de la escritura.

Existe un primer momento diferenciable del proceso perceptual de la visión del texto que es anterior al definido por el dispositivo de las estructuras direccionales y lineales. Esto se fundamenta en la imagen global o golpe de vista definido por la construcción de la

---

[65] Ibid., pp. 93-94.

caja tipográfica, designación que idénticamente debe hacerse extensiva a caja caligráfica e incluso, podríamos decir, caja pictográfica y plástico-textual, aunque en estos últimos casos parece más prudente hablar de "imagen". Secularmente, el material usual de soporte, el papel, junto a las tintas, aporta textura y tonalidad, al igual que sus precedentes y, con fuertes variaciones materiales, las evoluciones del soporte electrónico con el que el papel convive y todo parece indicar que convivirá mucho tiempo. Naturalmente, el papel, a partir del siglo XI mediante el lino, ha desempeñado una función decisiva en la evolución de la cultura y la expansión de la lectura en Europa[66]. Esto, que es muy relevante para el arte gráfico, lo es también para la percepción plástica.

La caja es la superficie delimitable del texto elaborado, como *relieve sobre fondo*, en razón de su contorno separador del exterior, ya se realice sobre un tipo de soporte u otro. Esta superficie elaborada delinea la figura total del texto (o una de sus partes sucesivas) y determina asimismo el objeto de visión, el objeto de la mirada. Para el productor consiste esencialmente en la imagen mental de la figura que, con intensidad y detalle mayores o menores sobre la base de la experiencia conocida, se propone o acepta representar dentro de lo convencionalizable, probablemente desde un conjunto proyectivo de envergadura globalizadora más o menos copresente mediante su visualización imaginaria del libro, del códice, etc., en sus distintas formas y apariencias. Todo esto participa del circuito íntimo o secreto de creación, especialmente relevante en la elaboración del texto poético, y concluye, desde la perspectiva de la autoría, en el instante en que el proceso creativo deviene objeto empírico dado y entregable al mundo del receptor, al público. Por ello, el productor, sobre la perspectiva del objeto material, transita un doble circuito: el interior determinado por el objeto de fabricación propia manuscrita, mecanográfica, etc., y el exterior correspondiente al objeto, en su caso,

---

[66] Cf. nuestra edición de Juan Andrés, *Origen, progresos y estado actual de toda la literatura*, Madrid, Verbum, 1997-2002, vol. I, cap. X.; R. León, *Papeles sobre el papel,* Málaga, Universidad, 1997.

comercialmente producido. Ahora la cuestión ya queda puramente librada a otras actividades contiguas, pero de otra naturaleza, de la vida. Por su parte, para el receptor consistirá en la contemplación del objeto libro —digamos para abreviar— y del objeto texto, la superficie masa o caja tipográfica, caligráfica..., como figura que se enmarca junto a otras y viene regida por una más o menos prevista asunción de indicios o evidencias codificados mediante los hábitos culturales de las experiencias y el conocimiento intersubjetivo. Lo cual constituye no sólo una manera de orientación totalizante y plástica que recibe convencional o sorpresivamente el sujeto receptor, sino además una serie amplia de indicaciones con significado específico y multitud de presuposiciones, fiablemente convocadas, de la más diversa índole, por lo común asumidas, bien aleatoria o bien codificadamente, por los sujetos del ámbito lingüístico o cultural correspondiente. Esa amplia serie de indicaciones puede decirse que abarca desde lo referente a la materia o contenido del texto, o desde su modalidad genérica hasta las distinciones de partes, portadas, preliminares, capítulos, títulos interiores..., etc., etc., las cuales integran un extenso y coherente conjunto codificado y económicamente informativo que el lector recibe encajándolo con extraordinaria facilidad en el cuadro de sus propios fundamentos y variables culturales bibliográficmaente más específicos. No me entretendré en organizar una descripción taxonómica de estos elementos, cuyo conocimiento fácilmente se puede presuponer y resultaría fatigoso y extensísimo hacer relato pormenorizado de los mismos. Es materia que en buena parte se encuentra incorporada, a su modo, entre los estudios bibliográficos y los de edición y composición tipográfica, naturalmente en lo que se refiere al que denominamos plano básico del componente gráfico-espacial.

En lo que se refiere al discurso propiamente dicho como objeto de lectura, es decir a la concreta emisión en cuanto lenguaje verbal, se trata del curso actualizador del código. Ahora no cabe el recorrido no prescrito de la visión imaginaria o de la focalización de la mirada y su sugestividad azarosa; ni, a diferencia del segundo grado, la empírica construcción y recepción sensualista de las fuerzas plásticas lineales. Se trata dominantemente de codificación y descodificación, de la transposición de la estructura gráfico-espacial a estructura lógico-comunicativa, en una suerte de punto de encuentro operativo entre componente fonológico y componente gráfico-espacial como partes separadas del nivel material de un mismo sistema de lengua. Aquí también, gráfico-espacialmente, al igual que en todo el decurso anterior, la gran separación es la marcada por los límites de la formalización pictográfica y plástico-textual, de un lado, y escritural-alfabética de otro.

La regularidad y el equilibrio son los principios generales que necesaria y predominantemente siempre han de regir el conjunto del proceso de estructuración gráfico-espacial del texto, a la vez que delinean condiciones imprescindibles para una adecuada asimilación de las convenciones textuales de las más diversas estratificación y finalidad. El carácter de prolongación en el tiempo del ejercicio de leer, o de escribir, sus constantes de distinto nivel impuestas por la naturaleza humana así lo exigen. Rudolf Arnheim, en un libro ya clásico en su materia y que sigue muy de cerca los postulados de la Gestalt, ha referido convincentemente el carácter dinámico de la experiencia visual en cuanto que es percepción de un "juego recíproco de tensiones dirigidas" cuyo equilibrio, o "estado de distribución en el que toda acción se ha detenido", se logra cuando "todos los factores del tipo de la forma, la dirección y la ubicación se determinan mutuamente, de tal modo que no parece posible ningún cambio, y el todo asume un carácter de 'necesidad' en cada una de sus partes", resultando así ajeno a la accidentalidad o transitoriedad que temporalizan frustradoramente las condiciones del desequilibrio[67]. La regularidad gráfica composicional, la simetría de los límites nítidos de su caja textual y de la distribución lineal isoforme garantizan la proporción gráfico-espacial normal a que tiende por equilibrio el ser humano mental y fisiológicamente, es decir psicosomáticamente. En consecuencia, el principio de dinamización, que asimismo rige la creación y el proceso de la vida, es el que visualmente aparece determinado

---

[67] R. Arnheim, *Arte y percepción visual,* Madrid, Alianza, 1985, 6ª ed., p. 35.

por las direcciones de la escritura. Como es evidente, las direcciones de los diversos sistemas de escritura y sus construcciones geométricas interiores no sólo especifican procedimientos codificadamente automatizados por la acción de leer o de escribir sino que, además, son resultado de los mecanismos psíquicos de esquematización simbólica fruto de la inconsciente interiorización comprehensiva de la realidad, al tiempo que, en variable medida, sin duda condicionando de nuevo, en sentido de vuelta, múltiples aspectos de la conducta psíquica del individuo y de la sociedad.

Entre lenguas de sistema de escritura alfabética, las occidentales como puedan ser el español o el italiano (de muy reducida diferencia escritural), o el francés, el inglés o el alemán, en conjunto aproximadamente bien discernibles de ciertas formas especiales de grafía que poseen las lenguas eslavas (tampoco se olvide que el alfabeto cirílico simplemente remite al griego bizantino), es posible establecer diferenciaciones muy reseñables en su segundo grado de estructuración gráfico-espacial, las cuales inevitablemente intervienen sobre los otros dos grados anterior y posterior. La distintiva señalización acentual y de guiones francesa (actualmente en estado de reforma simplificadora que sin duda aproximará gráfico-espacialmente esta lengua a la mayoría de las europeas de una u otra familia) presupone un alejamiento entre signo escrito y signo oral de la lectura. En general se diría que la consecución lectora se simultanea con la percepción plástica, proyectando la equilibrada alternancia de la verticalidad de las astas hacia arriba y hacia abajo y el dominio estable de la circularidad de base horizontal de los espacios interiores y, subsiguientemente, del peso de las letras tanto en español como en italiano; la alta frecuencia verticalista del discurso gráfico del inglés, ópticamente incrementada por el picado rítmico de muchos de sus breves vocablos; la idiosincrática tensión gráfica del sistema del alemán como consecuencia de sus más comunes conglomerados consonánticos y el alto índice de realización de grafías de ángulo radical en aspa, o semiaspa, junto al constante barrado de relativamente escasa espacialización cerrada vocálica... Toda esta gama extensa de posibles discriminaciones hace ostensible la notable diferencialidad escritural y perceptual entre sistemas incluso muy próximos. En el estricto sentido que proporciona el juego de fuerzas y movimientos de la letra y sus combinaciones, bastaría con verificar las incidencias que permite advertir la comparación de una serie de sonetos, como modelo inequívoco de regularidad señaladísimamente canónica y artificial por artística, o sencillamente de páginas materialmente similares compuestas de forma kilométrica, para poder comprobar fehacientemente las repercusiones a cada uno de los sistemas.

Entre lenguas que poseen escrituras de naturaleza formal muy diferenciada, como el árabe, el chino y cualquier lengua europea las distinciones gráfico-espaciales surgen en sentido francamente grueso, respondiendo más a la disparidad general de las cosmovisiones antropológico-culturales que a la mera concreción gráfica de rasgos y trazos, que queda con mucho sobrepasada. Frente a la escritura árabe, frente a su sinuosa sutilidad de horizonte constante apoyado en el forjamiento de astas verticales escuetas, de una sola pieza, sobre ondulaciones y espacialidades de base sintéticamente adornadas por puntos y rayas de animismo misteriosamente abstractivo; o frente a la escritura china y la minuciosidad de su disciplina plástico-constructiva, paso a paso, sincopadamente concentrada en cada esquema como síntesis tradicional de la extensísima memoria de la realidad y la rigurosa transmisión secular de la misma; frente a esas estructuraciones composicionales se percibe de inmediato la densa formulación milenaria de identidades culturales de espíritu altamente estratificado en la historia e inconfundible. A diferencia de éstas, las escrituras europeas se inscriben en el proyecto de la razón argumentativa progresivamente funcionalizada; presentan entre sí un grado de convergencia homogeneizadora muy considerable fundado por un mismo alfabeto y una misma comunidad de civilización que pertenece a sustratos idénticos de autoridad cultural unificante. Se ha podido decir que, en contraste con nuestra civilización, en las asiáticas el simbolismo y la acción evocadora sobre el subconsciente de las formas, tanto de las realidades artificiales como de los seres orgánicos, y de las líneas que las transponen en el arte desempeñan un papel mayor, más agudo y sutil[68]. En lo que a la escritura alfabética occidental se refiere, cuya evolución histórica describe en general un nítido proceso de economización funcionalizadora y pragmatismo a favor de mayores posibilidades de difusión, a todo lo cual tampoco son ajenas, aunque en diferente medida, otras tradiciones escriturales, no cabe olvidar sin embargo ni la riquísima artisticidad compositiva desarrollada desde las técnicas medievales hasta los grandes calígrafos contemporáneos y el extraordinario auge actual de las artes gráficas, ni, por otro lado, la imponderable incidencia de los tipos móviles en la progresiva mecanización tipográfica que ha desembocado en el nuevo estadio sociocultural de la nueva estandarización que representa la escritura electrónica en nuestra época, con sus especiales patologías y peculiaridades, que veremos más adelante desde criterio taxonómico, entre las cuales es de notar la tendencia al uso de formas expresivas de caracterización oral[69].

La lectura como viaje, como traslado de un lugar a otro, no posee únicamente un sentido metafórico. De hecho, la acción de leer, como hemos explicado, constituye ocularmente un recorrido lineal en el espacio que discurre en el tiempo dando lugar a realidades empíricamente observables y cuantificables. Todo ello, como es evidente, produce importantes repercusiones. La lectura desenvuelve una linealidad reproductiva, horizontal en las lenguas alfabéticas, sin duda aquellas que más tienden a un ejercicio directo que antepone la eficacia funcional de la ejecución lectora por encima de cualquier otra consideración. Ahora bien, la línea de lectura, que naturalmente es cuantificable como extensión de manera estricta, no lo es tanto, ni mucho menos, desde el punto de vista temporal de su durabilidad. Tanto la velocidad lectora como el grado de barrido y regresión ejercidos por el lector en la acción de leer, son factores que podemos establecer como determinantes para la cuantificación del tiempo de

---

[68] Cf. M. C. Ghyka, *Estética de las proporciones en la naturaleza y en las artes,* Barcelona, Poseidón, 1983, pp. 18-19.

[69] Puede verse la difundida postura escéptica de S. Birkerts, *Elegía a Gutenberg. El futuro de la lectura en la era electrónica,* Madrid, Alianza, 1999.

lectura. Además, naturalmente, se ha de sumar a ello la capacidad y destreza del lector concreto. Y en líneas generales, pues, la durabilidad de la lectura no depende tanto de la medida longitudinal del texto escrito como de la dificultad de comprensión del mismo. Por otra parte, como es evidente, la lectura silenciosa es más veloz que la lectura en voz alta. A partir de situaciones receptivas normales, es posible afirmar que velocidad y tiempo de lectura dependen directamente, atendido el componente relativo del lector particular, de la dificultad del texto a leer.

La cuantificación empírica de un texto puede establecerse, pues, como medida espacial y como medida temporal. La medida espacial es de proporción variable en razón de las circunstancias materiales arbitrarias que han dado lugar a la fabricación del texto, mientras que la medida temporal, la duración de la emisión, depende sustancialmente de la velocidad que es capaz o se propone desarrollar cada individuo lector, si bien éste no deja de encontrarse, en todo momento y hasta cierto punto, condicionado en su actividad por la dimensión métrica. Una edición reciente un tanto monumental del *Quijote*, con texto estricto (es decir sin guardas, índices y demás) de 910 páginas compuestas en caja de 16,4 centímetros de ancho y 46 líneas, posee una extensión de seis kilómetros, exactamente de 6.065 metros (es decir 1 km. y 135 ms. menos que la distancia entre Pinto y Valdemoro). Por el contrario, una vieja edición del *Quijote* muy reducida, la más reducida que conozco dentro de los límites de lo legible, en un cuerpo tipográfico seis, con 445 páginas de 8 centímetros de ancho, aunque en dos columnas, y 69 líneas, apenas alcanza los dos kilómetros y medio, 2.456 metros; menos de la mitad que la anterior. Naturalmente, lo usual sería una edición capaz de ofrecer unas dimensiones intermedias. Ahora bien, no se piense que la edición monumental exigiría un tiempo proporcional superior de lectura que esa otra de características materiales muy reducidas. Dejado aparte el problema de la posición y lugar de reposo de la edición monumental, lo cierto es que la mayor extensión longitudinal de ésta, que en principio presupone mayor cantidad de tiempo, sin embargo se ve compensada por la duración mayor de lo previsible motivada por la dificultad perceptiva, de fijación del punto de mira e inteligibilidad a que da lugar inevitablemente la edición de características muy reducidas, además de que en ésta última la cantidad de giros de vuelta al paso de una línea a otra, si bien el número de líneas es superior en sólo poco más de una cuarta parte, esto se duplica por su distribución de caja a dos columnas, aparte el fenómeno de la compresión espacial de las matrices. En conjunto, entre estos dos ejemplos extremos (lo usual sería una edición de características intermedias), todo parece indicar, y teniendo en cuenta las relativas condiciones exactas del lector, que la gran diferencia métrica, superior al cincuenta por ciento entre uno y otro caso, no tendría como resultado, ni mucho menos, una diferencia de duración lectora de esas proporciones sino aproximadamente de resultado equilibrado. Es decir, que los 5 segundos aproximados de tiempo de lectura por línea en la edición monumental se verían aumentados en torno a 8 por línea en la edición reducida, la cual, por demás, cuenta con 30.705 líneas, casi 6.300 líneas menos, aunque de doble giro de vuelta en razón de la doble columna, más el giro en bloque de columna a columna, como si se repitiese página dentro de la misma. Sobre la base de esos datos, la edición monumental supondría una durabilidad de 51 horas y 37 minutos, mientras que la reducida ascendería a 68 horas y 24 minutos, casi 17 horas más. Bien es verdad que un lector de excelentes condiciones de agudeza, a un promedio de un segundo menos por línea, rebajaría la duración de lectura de esta edición reducida a 59 horas y 70 minutos, quedando la diferencia restringida a poco más de 8 horas.

En un estudio reciente he tenido ocasión de señalar, sin embargo, cómo una edición de la novela *Paradiso*, de Lezama Lima, editada en bolsillo y en cuerpo 8, alcanzando una extensión poco por encima de los dos kilómetros (2.056 metros), casi duplica en extensión a la vieja y excelente traducción española de la *Crítica del Juicio* realizada por García Morente, pero aun siendo la referida obra de Lezama una obra no "fácil", a nadie se le ocurriría pensar que su durabilidad temporal pudiese alcanzar el doble de tiempo que la lectura del texto kantiano[70]. Es evidente que la constante regresión de la mirada exigida por las multiplicadas necesidades, dificultades conceptuales y contratiempos de intelección de la obra filosófica superaría en horas tan ampliamente a la lectura de la obra de ficción que ningún lector serio se avendría a creer que la lectura de una y otra obra en algún caso accederían siquiera a una duración parecida. Si pusiésemos como ejemplo intermedio el *Libro de la vida* de Teresa de Jesús, que en edición de bolsillo, bastante reducida, alcanza 367 páginas y 1.123 metros líneales, a 6 segundos de promedio de lectura por línea (12.478 líneas x 9 cms.), daría lugar a 21 horas apenas de duración de lectura. La medida lineal del *Libro de la Vida* es casi coincidente con la que existe entre la Biblioteca Nacional de Madrid y el Museo del Prado, cuyo recorrido a pie se puede realizar a buen paso en diez minutos o poco más. Bien, si calculásemos en un lector asiduo, redondeando, 1.000 metros de lectura semanales (la distancia aproximada, pues, entre el Prado y la Nacional), con los promedios de la *Vida* de Santa Teresa, darían lugar a una duración de 19 horas menos ocho minutos. De ahí que 19 horas semanales supongan una ocupación de 76 horas mensuales y 912 horas al año. Estas 912 horas al año, durante una vida activa de lector calculable en 60 años, darían como resultado 54.120 horas, es decir, 2.255 días íntegros de lectura, esto es, a 2 horas aproximadamente de sesión diaria, permitiría una ocupación de 27.060 sesiones o días de vida de lector, o sea una lectura completa de unos 1.424 apretados volúmenes (o unos 2.800 vols. si se tratase de tamaños normales o medios) y un recorrido ocular lineal de 1.599.152 metros, esto es 1.599 kilómetros aproximadamente; o lo que es lo mismo, una distancia (por carreteras de primer orden) bastante superior a la existente entre Madrid y París (1.260 kms.), pero bastante inferior, casi en mil kilómetros, a la de Berlín y Atenas, pero muchísimo más próxima a Berlín/Roma e incluso París/Roma, y aún más Los Ángeles/Seattle (1.548 kms.), y casi en coincidencia con París/Budapest (1.561 kms.).

[70] Cf. "Las categorizaciones estético-literarias de dimensión: género/sistema de géneros y géneros breves/géneros extensos", art. cit.

El conjunto del análisis efectuado, sin duda revelador desde el punto de vista de la durabilidad y la cronología de la vida del individuo, que puede ir referido, a título de referencia intermedia, a una lectura silenciosa no muy veloz o a una lectura en voz alta de cierta velocidad, teniendo en cuenta los tiempos Intermedios, desde el punto de vista contrastado de las medidas espaciales no lo es menos[71].

La escritura, dada como curso de espacio lineal presupone subrayadamente el tiempo de la lectura. Pero la lectura, que en su acontecer más común procede de la cadena espacial de la escritura, es un curso en el tiempo vivo y por ello coincide oralmente con el curso del habla. Es decir, hay un habla que es emisión directa y un habla que es lectura, emisión refleja, oral o silenciosa. La lectura, que lo es determinada por una escritura preexistente y, en tal sentido, ésta es su virtualidad y su límite, se mezcla con el nuevo espíritu que la reemite, con el lector, sin el cual nada hay.

La lectura configura una gran entidad que define, a mi juicio, la experiencia estética suma. La lectura entabla esa estética mediante: 1) la consecución sensible e intelectual, psíquica, de la escritura, su

---

[71] Todo ello invita a muchas conclusiones posibles cuyos argumentos ya no voy a entretener y prefiero dejar para el lector. Me limitaré a una breve consideración evidente a estas alturas de la cronología histórica y bibliográfica y que no es sino corroboración de lo que el sentido común dice y de lo que siempre he creído más aceptable: nada parece contradecir que sólo se ha de hacer lectura seria y reiterada de los grandes libros; la lectura de ficción y placentera ha de aplicarse a textos muy valiosos o sugestivos y no de manera constante; sólo hay que hacer lectura seria y de consulta repetida de libros muy importantes para los particulares intereses humanos o profesionales; respecto de la mayoría de los libros de cierta proximidad o de cierta utilidad únicamente habría que ejercer un procedimiento de examen y lectura muy selectiva, de muestreo o por calas; la limitación del tiempo disponible, el valor de los grandes textos y la economía y la higiene mental exige reducir la lectura práctica o no seria, es decir de libros sin ideas y de periódicos y similares a ratos de descanso y nunca diario. Esto es, hay que leer poco; sólo, si así se pudiera decir, lo necesario, entendiendo por esto menos de una sexta parte del día, y siempre menos de lo que se dedica al sueño, por razones de bienestar y salud ocular. Naturalmente, se debe escribir, en general, menos de lo que se lee, si bien es cierto que resulta difícil separar lectura de escritura y, en cualquier caso, no parece razonable el ejercicio unilateral de lectura o escritura, pues diríase que la unión o convivencia de ambas por naturaleza hace prudente su no separación en la práctica vital.

discurso y el texto como obra escrita recibida; 2) el universo conceptual o imaginario elaborado por la escritura y su proyección en el lector; 3) la confrontación de ese universo con el saber y el mundo de la vida interior y exterior del lector; 4) la contemplación de la obra escrita como obra de arte del pensamiento o la imaginación y el efecto y el juicio inmediato que a ella pueda corresponder; 5) la consideración última que partiendo de la percepción e intelección discursivas conduce a otra final consecución discursiva atinente a la obra y/o los mundos del autor y del lector así como a la posible conexión no verbal y verbal respecto de la historia, la crítica y la cultura concernidas.

La fenomenografía de la lectura sobrepasa la de la contemplación artística de objetos plásticos o no verbales, y la de cualquiera otra, en virtud de corresponder a una actividad y a un objeto involucrados en la más sintética, penetrante y elevada realización del ser humano, aquella que ejecuta el lenguaje verbal y hace que el ser humano lo sea y lo pueda ser en sumo grado.

Sólo el pleno silencio de palabra y deseo podría conducir a una estética verdaderamente transcendida.

3. La cuestión didáctica , el "Arte de la Lectura" y la teoría de la recepción

El concepto didáctico pertenece a la inherencia de la lectura como finalidad, penetra en el origen de la lectura según nace sucesivamente en cada individuo e incluso como disciplina y, por ello, es parte del mundo de la vida del lenguaje. Existe una convergencia de didáctica y lectura que se halla entreverada en la antigua Retórica y accede en Quintiliano a su localización más precisa. Pero la Retórica de la lectura, bajo la denominación especializada de Arte de la Lectura, accedió a suplir durante la segunda mitad del siglo XIX y más modestamente en las primeras décadas del XX, como destino pedagógico pero de deseado y permanente humanismo, el espacio de liderazgo que la *techne* tradicional había perdido como consecuencia de la última gran reordenación de las ciencias que a partir de fines del XVIII autonomizó la Estética como disciplina de primer rango relegando así la Retórica, precisamente, a una localización escolar de la cual es razón su reactivación de sesgo didáctico y hasta como ciencia pedagógica del lenguaje en general. Es decir, el relevo de la Retórica por la Estética no significó la desaparición de aquélla sino su resituación como Arte de la Lectura y como Oratoria Política, las cuales a su vez tomaban el relevo en la escena histórica y disciplinaria de otras especializaciones retóricas, el Ars Dictandi y el Ars Praedicandi. La vieja Retórica y su racionalidad no podían hacer frente a los nuevos y complejos problemas de una filosofía idealista que ya en la *Crítica del juicio* la había definitivamente conducido a una posición menor o cuando menos alejada de las decisiones creativas del pensamiento. En lo que sigue nos referiremos a la cuestión didáctica o pedagógica, al Arte de la Lectura y, por último, a la teoría de la recepción.

La pregunta ontológica acerca de la acción de "leer", ¿qué es leer?, cuya respuesta necesariamente remite a "descifrar", "descodificar", "entender lo escrito", exige un sujeto lector del cual son de suponer diferentes grados de dominio de esa actividad; de ahí que la pregunta referida conduzca directamente a otra ya de sesgo didáctico, ¿qué es saber leer?, y a la subsiguiente respuesta. Según Gaston Mialaret, que siguiendo la tradición humanística del Arte de la Lectura opta por una definición integradora o de triple fondo, desde la vocalización a la comprensión y la valoración: "saber leer es ser capaz de transformar un mensaje escrito en sonoro, siguiendo ciertas leyes muy precisas, es comprender el contenido del mensaje escrito, es ser capaz de juzgar y apreciar el valor estético". Es de subrayar que en lo más distintivo, la tradición tanto didáctica como retórica, según veremos, establece para la lectura una culminación estética en ese sentido de la valoración literaria. Así, volviendo a Mialaret, la respuesta a la pregunta acerca de qué es saber leer, consiste más explicativamente en que se trata de una técnica de desciframiento, la sonorización del signo escrito, comprender lo que se descifra, extraer el meollo de un mensaje escrito y participar en la vida intelectual de toda la humanidad, descubrir la verdad y ejercer el juicio, apreciar estéticamente y amar la lectura[72]. Decían Barker y Escarpit que la definición de la lectura mediante el concepto de descifrar a la postre poco significaba puesto que el desciframiento puede referirse a muy distintos planos o claves de un texto: "posiblemente resultaría más exacto el no considerar la lectura más que en el marco de un acto total de comunicación. Se revelaría entonces como la contrapartida de la escritura"[73].

Habla, escritura y lectura se aprenden y se enseñan. Ahora bien, la lengua no se aprende en tanto que esencial e inicialmente la lengua materna no se enseña. El niño comienza progresivamente a hablar porque tiene capacidad de hacerlo y porque atiende al habla que escucha a su alrededor: se trata de un proceso vital y psíquico que atañe plenamente al ser humano como tal y su relación con los demás. Pero fundamentalmente, de manera más o menos simultánea, lo que sí se aprende es a leer. Se aprende a leer y escribir, que son operaciones

---

[72] Cf. G. Mialaret, *El aprendizaje de la lectura,* Madrid, Marova, 1972, pp. 13 y 11.

[73] Véase Ronald E. Barker y Robert Escarpit, *El deseo de leer,* Barcelona, Península, 1974, p. 150.

posteriores o secundarizadas respecto del habla. Por otra parte, las segundas lenguas constituyen procesos por necesidad discontinuos y precisamente secundarios. Puede haber, dado el caso, un alto grado de convergencia, pero siempre la lengua materna es una, o lo es por encima de otra u otras. Una vez el individuo se halla situado como hablante, progresa en su dominio, que de una manera u otra consiste en un modo de aprendizaje, o comienza un nuevo aprendizaje. Por supuesto es posible y conveniente conocer y barajar en diferentes planos de dominio diferentes lenguas, incluso un cierto número de ellas, y esto al menos en parte en dependencia de la buena conexión cerebral correspondiente, fisiológica, y de carácter, que lo facilite. Aquí los procesos de aprendizaje y enseñanza son otros y superpuestos, secundarizados según hemos definido sintéticamente. En nuestro tiempo estos problemas han sido objeto frecuente de estudio pero, a mi juicio, de modo acultural y en el sentido de aplicaciones didácticas un tanto mecanicistas. Sea como fuere, es un mito muy divulgado y comprensible el de la existencia de individuos que dominan, es decir que barajan en todos sus planos de acción (habla, escritura, lectura) un buen número de lenguas, así se dice tres u ocho, diez, o dieciséis, cantidades que tantas veces se han repetido y anotado. Aparte conexiones o fisiologías cerebrales concretas bien formadas en ese punto, todo saber ocupa lugar. Desde el punto de vista de la vida común, el habla es el plano de actividad más vivo y útil y propio de los llamados hablantes activos. Pero desde el punto de vista del conocimiento, el estudio y la investigación, lo verdaderamente necesario es la lectura, el poder leer diversas lenguas o aun tener conocimientos teóricos y culturales de un buen número de ellas, lo cual sí que es posible, aun casi en ausencia de dominio del habla activa. Por lo demás, téngase en cuenta que en relación a la lectura de textos de materias específicas la clave suele estar frecuentemente, más allá de los conectores o el léxico común, en los conceptos técnicos, en los valores de terminología, y esto en lo fundamental es ajeno a la base didáctica del asunto.

La cuestión didáctica de la lectura se ha centrado modernamente, como es bien sabido, en el problema del método, diferenciando entre métodos sintéticos, métodos analíticos y la posibilidad mixta de unos y otros, si bien la tercera posibilidad es a veces considerada ficticia por cuanto habría de otorgar precedencia a uno de los anteriores y no a los dos a un tiempo. Finalmente se ha establecido como usual el doble término de "lecto-escritura". Los métodos de lectura estaban integrados de uno u otro modo, incluso bajo esa misma distinción referida, en el Arte de la Lectura del siglo XIX.

A propósito de los métodos de la lectura, el citado Mialaret refiere el acierto de la *Pedagogía experimental* (1924) de Simon[74]; el reglamentismo cartesiano de Charles Demia en el siglo XVII, quien por exceso llega a confundir la multiplicación organizativa de grupos de alumnos en función (siguiendo el método sintético) de su capacidad de lectura por letras, sílabas, palabras, frases, etc., con la eficacia pedagógica; y el método global según quedó situado en el siglo XVIII, aunque a fin de cuentas acepta, siguiendo a Rousseau, que el problema de hecho se reduce a inculcar en el niño el "deseo de aprender"[75]. Resume Mialaret cómo para el método sintético "en el principio está

---

[74] Según Simon, "a despecho de las apariencias, no existen, verdaderamente, más que dos métodos de lectura. Los dos tratan de hacer comprender al niño que entre los signos de la lengua escrita y los sonidos de la lengua hablada existe una cierta correspondencia; para ello, uno de los métodos comienza por el estudio de los signos o por el de los sonidos elementales, el otro trata de obtener el mismo resultado colocando de pronto al niño de cara a la lengua escrita, tan compleja como pueda presentarse. El primer método es conocido generalmente bajo el nombre de *Método sintético,* a causa del trabajo psicológico que pide al niño para un acto de lectura. Cuando ha aprendido a leer cada signo, el niño debe condensar esas diferentes lecturas en una lectura única y que, generalmente, para cada agrupación particular de esos signos es diferente de la lectura singular. Cuando el niño sabe leer *t* y *u*, de esas lecturas debe concluir *tu*. Se trata de una operación de síntesis. El otro método parte de las propias agrupaciones. Parte de las palabras. Se le llamará *analítico*, pues así se llama al trabajo psicológico que se pide al niño para aprender, partiendo de las agrupaciones, las denominaciones de sus partes o los sonidos de las sílabas. A esta misma forma de trabajar se le llamará *Método global*, si se quiere recordar su origen: poner al niño en presencia de frases y palabras tales que las podamos leer por sí mismas" (p. 101). *Apud* Mialaret, ob. cit., pp. 20-21.

[75] Ibid., pp. 32-33.

la letra y el espíritu viene después", mientras que para el analítico y global "en el principio está el sentido y la letra viene al final"[76].

Los métodos sintéticos arrancan de Dionisio de Halicarnaso (*De la composición de las palabras*) y de Quintiliano (*Instituciones oratorias*). En la transición de los siglos XVII a XVIII se da gran preferencia, frente a los cuadros de letras, a los de sílabas que emparejan las vocales a sucesivas consonantes e incluso los de sílabas que se identifican en diferentes palabras. Los procedimientos de medio fonético, difundidísimos en el siglo XIX, adolecen de cierto mecanicismo y su aplicabilidad depende en buena pate de las características diferentes de cada idioma. La preferencia silábica, altamente combinatoria, conduce a la palabra y de ésta puede prolongarse a la frase.

Los métodos analíticos, que tienen su antecedente quizás más específico en Comenio[77], se desarrollan en el XVIII y progresivamente han disfrutado del mayor éxito bajo la denominación de método global, que atiende al interés y motivación del niño y, por tanto, ofrece una mejor base psicológica y de concepción del aprendizaje. Ha sido realizada una buena descripción completa y resumida de la problemática de este método tanto en términos descriptivos como de la polémica suscitada por el mismo[78]. En términos descriptivos serían discernibles cuatro principios: Mediante el principio de globalización, se asume que, como visión de conjunto, el pensamiento infantil es sincrético, pues en el niño penetran en bloque, sin previo análisis, las primeras nociones, razón por la cual el método de lectura ha de responder a conceptos globales; mediante el principio de lectura como proceso visual, se otorga valor exclusivo a este tipo de percepción, se repudia el dictado como recurso de afirmación y comprobación de la lectura y se subraya la importancia de la lectura silenciosa; mediante el principio de lectura de las ideas, se evita la

---

[76] Ibid., p. 27.

[77] Debe recordarse que el humanista Jan Amos Comenio es no sólo autor de la célebre *Didáctica Magna* (vers. esp. en México, Porrúa, 2000) sino además de un *Orbis Pictus* (1658) en el que incorpora la pictografía y mantiene la pedagogía de la unidad palabra.

[78] Véase, para lo que sigue, los útiles resúmenes preparados por J. Cuevas Baticón, L. Gordillo Ferré, M. Martí Pradell, *Didáctica de la lectura. Métodos y diagnóstico,* Barcelona, Humanitas, 1985, pp. 21-33.

escritura mientras no se afiance la lectura, siendo potenciada como consecuencia de la actividad ideo-visual la práctica de los comienzos con significación y en general la utilización de material semántico al tiempo que es postergado el oído a fin de evitar interferencias entre idea y comprensión; mediante el principio de la naturalidad del proceso, definido como similar al de la adquisición del lenguaje hablado, ya el médico y pedagogo belga Ovide Decroly (1871-1932), estudioso de la globalización, la motivación, el respeto a la libertad y la relación psicomotriz de los niños con deficiencias, intentó demostrar que dicha naturalidad es resultado del sincretismo y la globalidad del acto de lectura así como de los principios anteriores.

En lo que se refiere a las polémicas suscitadas, en relación a esos cuatro principios[79], se ha objetado que el principio de la lectura no tiene por qué ser global (M. Montessori); que la percepción auditiva desempeña una importante función que aconseja interrelacionar los elementos visuales, auditivos y motrices para la mejora y mayor rapidez del aprendizaje (Montessori y A. Descoeudres); que el lenguaje hablado, sonoro, es un material que reúne la condición de concreto para el niño (Montessori y M. Salotti); que la lectura espontánea toma su naturalidad siguiendo un orden que es el inverso al de la globalización (Montessori), y que la lectura no es un proceso absolutamente natural ni espontáneo sino dependiente de otros factores diferentes de aquellos que intervienen en la adquisición natural de otros automatismos y en particular de los del lenguaje hablado (André Rey).

La polémica acerca de los principios del método global es resumible en cinco puntos[80]: 1) La práctica pedagógica condena el interés-necesidad por cuanto la improvisación del docente previamente desconoce el verdadero interés del alumno, además de aunar intereses espontáneos con la imperiosa exigencia de las técnicas propias de las materias de enseñanza. 2) Es criticado el concepto de globalización por cuanto se entiende que el sincretismo de la inteligencia

[79] Ibid., pp. 28-29.
[80] Ibid., pp. 32-33.

precisamente desaparece cuando el niño inicia el aprendizaje de la lectura, a partir de los seis años, siendo además que investigaciones de laboratorio hacen ver que la capacidad de globalización es menor entre los seis y nueve años del niño. 3) Han sido criticados, sobre todo, dos argumentos correspondientes al principio de lectura como función puramente visual: la consideración restrictiva de la lectura a las funciones visual y motriz del lenguaje, así como la consideración de que el sentido de la vista, en virtud de su anticipación, sea capaz de ofrecer impresiones más variadas y ricas. Es de entender que la aparición del lenguaje hablado modifica las percepciones, apoyando auditivamente la enseñanza de la lectura, y, por otra parte, que la anticipación de la vista es un factor insuficiente como para poder comprender la complejidad del conocimiento. 4) Se ha criticado la concepción de la lectura ideo-visual en razón de no atender al momento madurativo para el aprendizaje de la lectura, entendiendo que se ha de comenzar por el automatismo y en voz alta sobre la base del vocabulario activo del niño. 5) Ha existido objeción del principio de naturalidad, por cuanto se vino a demostrar que la etapa preverbal (la anterior a la expresión de lo comprensible y a la comprensión de lo que se escucha) es puramente mecánica, careciendo por ello de función el imitar esa evolución natural.

La distinción entre el método sintético, que inicia a partir de las unidades menores, y el método analítico o global, que descendentemente inicia a partir de la palabra o la frase, con el añadido del género mixto, ha sido estable y generalizada desde fines del siglo XIX. Es la distinción que en realidad ha centrado el problema didáctico y metodológico e incluso el de "querella" metodológica en la enseñanza de la lectura[81], sólo quedando aparentemente postergada por la evolución de las tendencias de fundamento estructural-formalista y

[81] Se ha hablado frecuentemente, con mayor o menor distinción entre métodos, técnicas y procedimientos, no sólo de métodos sino de "querella" metodológica, por analogía con la querella literaria de los antiguos y los modernos. Véase L. Bellenger, *Los métodos de lectura,* Barcelona, Oikos, 1979; B. Braslavsky, *La querella de los métodos en la enseñanza de la lectura,* Buenos Aires, Kapelusz, 1962; C. Castillo Cebrián et alii, *Educación prescolar. Métodos, técnicas y organización,* Barcelona, CEAC, 1978; F. Cuetos, *Psicología de la lectura,* Madrid, Escuela Española, 1990; S. Molina, *Psicopedagogía de la lectura*, Madrid, CEPE, 1991; P. Vieiro Iglesias, I. Gómez Veiga, *Psicología de la lectura,* ob. cit., cap. 5.

sociologista, fisiologista y cibernético que de algún modo crearon el espacio apropiado para el desarrollo de la llamada psicología cognitiva, cuya aplicación a la lectura ha sido muy extensa como resultado de la configuración académica psicopedagógica, dicho al margen de la consideración que se tenga de esta convergencia. El auge de los métodos mixtos, que suelen comenzar de modo global o visual para alternar con el modo sintético o fónico, es decir ejerciendo un procedimiento de oscilación que incluso queda libre según aconseje la marcha del aprendizaje, son razón de la frecuente denominación de "lecto-escritura" que se ha multiplicado en una extensa bibliografía de distinto cometido y presupuesto pero podemos pensar que fundamentalmente complementaria[82]. También razón de los métodos

[82] Como es sabido, existe una abrumadora bibliografía pedagógica acerca de la lectura desde diversos ángulos. He de decir que en algún momento pensé que podría prestarse un eficaz aunque modesto servicio al lector ofreciéndole aquí una especie de tipología de la misma, pero confieso que he desistido del empeño dada la abundancia de materiales y la esterilidad final con que se me ha ido imponiendo la perspectiva del asunto. Dicho sea de paso, hasta donde sé, los especialistas no se han ocupado de ello. En lo que se refiere concretamente a la interrelación y contigüidad lectura-escritura, es de recordar que ya Quintiliano sitúa ambas partes consecutivamente en *Instituciones Oratorias* (I,5). Según veremos en lo que sigue, en el Arte de la Lectura no es desgajada la Escritura y si bien por lo común se presentan como ámbitos disciplinarios especializadamente separados, esto sólo es de manera formal y por requisitos de la especialización de la lectura en voz alta. Así, incluso pueden aparecer reunidas bajo un mismo título en un afán de síntesis. Quizás por sentido tanto documental como de muestreo convenga recordar cómo el alférez Ángel Gordo Moreno tituló *A la lectura por la escritura* (Madrid, Artes Gráficas CIM, 1958) su método aplicado a la alfabetización en la escuela del reformatorio de la Prisión Provincial de Hombres de Madrid, mediante el que asegura haber conseguido dos 'records', pues hacía posible el aprendizaje de la lectura a reclusos para los casos mínimos en 10 días e incluso en una semana, aunque la mayoría necesitaba para ello casi un mes o bastante más. Me permitiré recordar cómo no hace tanto tiempo era un lugar común mencionar el dato de que Paulo Freire enseñó a leer a 300 campesinos trabajadores brasileños en 45 días, lo cual dio lugar a que el gobierno del Estado de Pernambuco atendiera a sus demandas. Pero la bibliografía en nuestro tiempo es de notar que distintivamente no está dedicada tanto a la alfabetización como a la complementación de la llamada lecto-escritura. Para no ser remiso a ejemplificar, daré dos muestras, una primera encaminada al logro de la velocidad y comprensión de lectura y su evaluación, otra de sentido más globalizante y, quizás, de presupuestos inmatizadamente eclécticos: Margarita Recassens, *Actividades para mejorar como lectores,* Barcelona, CEAC, 2005; Juan Mata,

mixtos es el establecimiento del llamado "modelo dual" o "de doble ruta", en el que la base de unidades léxicas más frecuente conocida por el niño es tratada tanto en dirección fónica como visual y sus diferentes planos de incidencia de la significación, ya se trate de informaciones grafémicas, semánticas o contextuales[83]. Las implementaciones y críticas a este modelo han tenido la alternativa que propone un mecanismo único denominado "conexionismo". En cualquier caso, la teoría de la lectura generalmente ha evolucionado durante el siglo XX mediante una combinatoria dominada por la inflación didactista y en el mismo sentido preferente en que lo han hecho la psicología, particularmente a partir de los estudios de Piaget, el más benéfico de sus cultivadores en este propósito[84], y las corrientes estructuralistas y formalistas del estudio lenguaje. No es de dudar que fuera necesaria una renovación, aun exigida simplemente por la marcha de los nuevos tiempos y sus circunstancias respecto de los más diferentes planos de la realidad, pero la pregunta irrenunciable consiste en si la renovación llevada a cabo estuvo bien fundamentada.

La época del dominio estructural-formalista, que cubre progresivamente la totalidad del siglo XX, alcanzó su cima en la década de los años setenta, a partir de la cual inicia su rápido declive. Durante esa década tuvo lugar la paradoja consistente en la más extendida implantación educativa oficial de unas corrientes pedagógicas y lingüísticas que, dicho al margen de su sesgo implícitamente antihumanístico y que atañe en particular al valor de la lectura literaria, habían

---

Animación a la lectura. Hacer de la lectura una práctica feliz, transcendente y deseable, Barcelona, Graó, 2008.

[83] Se trata del modelo de J. Morton, desarrollado a partir de finales de los sesenta, y el de M. Coltheart, una década posterior. Puede verse un examen monográfico de ambos y demás teorías atingentes en J. A. López Iglesias, *Desarrollo de la lectura: Procesos y factores que intervienen en los primeros momentos de su aprendizaje,* Centro de la UNED de Extremadura, 1997.

[84] Como es sabido, no existe en Jean Piaget una teoría de la enseñanza de la lectura, pero sí una teoría del aprendizaje que puede dar fundamento a ésta, y tomaría como base la unidad palabra. Véase sobre todo Piaget, *Six études de psychologie,* París, Gallimard, 1987, nueva ed.

agotado su horizonte epistemológico y obtenido el descrédito[85]. No procede ahora entrar en lo posteriormente acontecido, que es cuestión de historiografía disciplinaria, pero no por ello dejaré de señalar el incalculable daño ejercido a generaciones de estudiantes por métodos depredadores que desligaban sus objetos de estudio de la realidad temporal e histórica en la cual únicamente adquieren sentido y existen, métodos desnaturalizadores de la lengua y cuya solidaria aplicación, por otra parte, a la lectura didáctica en forma especial de "comentario de textos" presuponía la dejación de la libertad, la responsabilidad y el espíritu propio del sujeto lector, así como del objeto verbal o texto que es leído y por ello nos habla, en favor de un tercero, un esquema o rejilla de aplicaciones enajenadas erigido en intermediario anulador del texto y del espíritu del que forma parte sólo gracias al espíritu del propio lector[86].

El programa educativo de influencia lingüística estructural-formalista, y a veces psicolingüística, sin duda de graves consecuencias para la actividad lectora, así como para la preservación de todo lo válido que existe en los saberes tradicionales, se limitaba a promover, con frecuencia de manera ecléctica, la imposición de las escuelas lingüísticas imperantes y, en el plano de la teoría didáctica de la lectura, a proponer terminologizaciones del tipo de que lectura y escritura no son sino "subsistemas" dentro del "sistema general de la lengua", o que la lectura se ejerce sobre "formas comunicativas" cuyos "mensajes transmitidos por secuencias de unidades menores" son descifrados gracias a un "proceso multinivelado de interpretación" que se aplica a "segmentos sonoros", formados por "microsegmentos", en cada uno de sus contextos[87]. Lo cierto es que con demasiada frecuen-

---

[85] He efectuado la crítica de este proceso en "La ideación del humanismo y la problematización humanística de nuestro tiempo", en mi ed. *Teoría del Humanismo,* Madrid, Verbum/Medialab-Prado, 2010, vol. I, pp. 54 ss.

[86] Volveremos brevemente sobre ello en el siguiente capítulo, a propósito de las clases de "lectura académica".

[87] Ejemplifico esta terminología especialmente a partir de David Feldman, cuya *Metodología de la lectura y la escritura en el nivel de Educación Preescolar* (Madrid, Ministerio de Educación y Ciencia, 1978) formó parte de la propuesta oficial española del nuevo programa educativo. Véase, por ejemplo, página 49. La aportación más característica de Feldman se refiere a la superación inicial de las

cia las escasas clarificaciones funcionales aportadas propiamente a la teoría y la práctica de la lectura resultan anegadas por un terminologismo doctrinal estéril para el caso y que aspira a una tecnologización didáctica y de los objetos de estudio ya prestablecida.

Durante la segunda mitad del siglo XX se vino a olvidar que el problema didáctico de la lectura, enmarcado en el régimen de la racionalidad tradicional de la ciencia del lenguaje y las evoluciones humanísticas y pedagógicas de la milenaria Retórica, había obtenido su específico desarrollo disciplinario en el siglo anterior bajo el marbete de Arte de la Lectura. Este Arte de la Lectura, vinculado a los usos académicos y dramáticos de la lectura en voz alta, de la recitación y la declamación, así como a las naturales necesidades didácticas de una escuela y una pedagogía decimonónicas por primera vez generalizadas y masivas, *popular* que se decía entonces, junto al desarrollo de las escuelas Normales o de Magisterio, fue establecido, al menos en la Europa románica, teniendo como ejemplo incisivo y pionero la obra de Legouvé, autor en la tradición clasicista francesa de Fénelon, y de La Fontaine, esto es de Cicerón y el clasicismo grecolatino reasumido por el Renacimiento y de nuevo por el neoclasicismo. En Italia, en grado mayor que en el resto de Europa, la tradición retórica renacentista hubo de relacionarse con el arte de la declamación y la

---

unidades idiomáticas mediante la utilización de "topografías", es decir recuadros gráficos que esquematizan a modo de caja la forma gráfica de las palabras. Por ejemplo, el pequeño rectángulo que encuadraría a la palabra "pata", así en minúsculas, que se ofrecería modificado por una restringida elevación en la línea superior correspondiente a la letra *t* y otra en la inferior correspondiente a la *p*, lo cual se aplica sistemáticamente al reconocimiento topográfico de palabras enteras. Entre las fases del método se hace la propuesta de 27 palabras con sus macrotopografías. Sin duda, esto promueve la identificación de formas arbitrarias sin significación alguna determinada. Por lo demás, es de constatar la existencia de una extensa bibliografía "renovadora" en este campo que no es de nuestra competencia entrar a examinar, ni desde el punto de vista pedagógico ni de los resultados obtenidos. Daré una muestra, dentro de una colección especializada, con el talismán de 27 elementos: *Método de lectura de André Inizan. 27 frases para enseñar a leer, adaptado al castellano por E. Huerta y A. Matamala. Manual general y parte I,* Madrid, Pablo del Río, Editor, 1980.

construcción operística del canto[88]. Si la tradición anglosajona mantuvo la fuerte vertebración retórica clasicista que la hizo ejemplar durante gran parte del siglo XX y en este sentido asimilaba el Arte de la Lectura, esto cabe decir que ha dado en quiebra, siendo sin embargo Alemania donde al parecer mejor pervive el género, no ya fomentado por la nueva boga de la oralidad, que más o menos ha sido general en Europa a fines del siglo XX, sino por una tradición que en menor grado interrumpió su actividad y disciplina retórica "Die Kunst des Vorlesens".

El poeta y dramaturgo Ernest Legouvé (1807-1903), tenido como el mayor lector o recitador de su tiempo, pero eslabón de una tradición, familiar en lo que a él individualmente se refiere y retórica en lo que al academicismo artístico concierne, compuso *La lecture en action* y *L'Art de la lecture*. Ambas, pero sobre todo ésta última por su cariz teórico, tuvo una extraordinaria difusión tras ser impuesta como libro de texto para la enseñanza secundaria. Se trata de la restitución y recreación sectorializada, por así decir, de la Retórica, u Oratoria más precisamente siguiendo el término ciceroniano y renacentista, de la lectura como arte, es decir como *techne* pero a su vez de objeto artístico. Al igual que el Arte Retórica, o el Arte Poética, que son las designaciones griegas originales, el Arte de la Lectura, la teoría técnica destinada a la elaboración de esa clase de objeto que es la lectura, la lectura en voz alta, asume la lectura asimismo, como el discurso o la obra dramática, en tanto que obra *artística*. En 1877 alcanzó *L'Art* de Legouvé su 8ª edición[89]. Fue traducido al español primeramente por José Anchorena (autor a su vez, como veremos,

---

[88] Esto permite entender mejor títulos como el de E. Franceschi, *L'Arte della Parola nel discirso, nella drammatica en el canto,* Milán, Tipografia e Librería Editrice Filla Giacomo Agnelli, 1877, donde sin embargo la lectura "a vòce alta" ocupa la más extensa primera parte de la obra, mientras la segunda se refiere al arte dramático y a la dramática musical.

[89] En principio, ni *La lecture en action* ni *L'Art de la Lecture* aparecen fechadas. Las publicó en París establemente J. Hetzel. En su edición 8ª de 1877, *L'Art de la Lecture. Nouvelle édition, revue et augmentée de huit chapitres. À l'usage de l'enseignement secondaire,* es un volumen de 304 páginas y puede decirse que incorpora el fundamento relevante del anterior en una cuarta parte y otros apéndices.

de uno de los manuales sobre la materia) en 1878[90], y más tarde, de la edición ampliada, por Sales y Ferré, ya la cuadragésimo séptima, para la influyente colección "Biblioteca de Derecho y Ciencias Sociales" publicada por la Librería General de Victoriano Suárez[91]. Y el hecho, como tantas veces ha sucedido y particularmente en lo que se refiere a la Retórica, es que en el Arte de la Lectura, los *manuales* o libros de texto, en este caso de uso para la enseñanza secundaria y de las escuelas de Magisterio, crearon y constituyeron los tratados u obras fundamentales de la materia.

El libro de Legouvé incorpora preliminarmente, y se reproduce en el prólogo de la edición española, la circular del Ministerio de Instrucción Pública francés dirigida a los Rectores:

> En la mayor parte de nuestros liceos y colegios está olvidada y menospreciada la lectura en alta voz, a pesar de ser uno de los importantes elementos de la instrucción pública. No necesito encarecer a usted la utilidad de este arte en una sociedad democrática, en un pueblo que se gobierna a sí mismo, que discute, que delibera, que celebra reuniones, juntas y todo linaje de asambleas.
>
> Los estudiantes que asisten a nuestros establecimientos de segunda enseñanza, se verán obligados un día a leer actas, informes, procesos; y ¿no es necesario que aprendan a leer de manera que se les entienda y comprenda? ¿No es la lectura en alta voz uno de los poderosos medios de acción en la vida pública? Tanto más indispensable es que se aprenda a leer, cuanto que aprender a leer es la mejor manera de aprender a hablar.
>
> Este arte, que deseo sea enseñado con más método en nuestros liceos y colegios, no lo reputo menos útil a los maestros de escuela, por los múltiples servicios que están llamados a prestar, especialmente en los pequeños Ayuntamientos. ¿Carece acaso de importancia la lectura de un acta, de un acuerdo o de una deliberación municipal?
>
> Cierto que la lectura es ya uno de los principales ejercicios en nuestras escuelas normales y primarias; mas esto no basta, porque la lectura es un arte, y como tal, tiene que ser enseñado como los otros. Para llenar este vacío, hay que proveer a las escuelas normales de un manual breve, substancial, sumario, circunscripto a los principios; y a las clases de segunda enseñanza, de un tra-

---

[90] De la 9ª edición francesa, en Madrid, Imprenta y Estenotipia de El Imparcial.

[91] *El Arte de la Lectura, por Ernesto Legouvé, de la Academia francesa; traducido de la cuadragésima séptima edición por M. Sales Ferré. Nueva edición corregida y aumentada,* Madrid, Librería General de Victoriano Suárez, 1912, 310 págs.

> tado no menos sólido, pero más literario. En el primero, un estudio meramente útil; en el segundo, un arte de utilidad y de agrado a la par. La autoridad menos discutida en esta materia, el señor Legouvé, nos ha prestado su concurso preparando el manual y el tratado.
>
> En cuanto a la sanción, el curso de lectura en alta voz, establecido ya en las escuelas normales, será obligatorio, sufriendo los alumnos el examen al salir de la escuela. En los liceos y colegios, bastará con una enseñanza especial, sobre todo en las clases de Retórica. Este estudio, lejos de hacer perder tiempo a los alumnos, se lo hará ganar; porque aplicarse a leer bien una página es el medio más seguro de comprenderla mejor y de retenerla más tiempo. Por esto conviene también que la lectura que cada día se señale, la lea previamente el maestro, y en seguida el alumno. Por último, crear un premio de lectura y de recitado en las clases de Retórica, durante algunos años a lo menos, es consecuencia necesaria de la importancia que se reconoce al arte de la lectura[92].

El *Arte* de Legouvé tiene un cierto carácter memorialístico que conceptual y argumentalmente lo ameniza de manera artística, por ejemplo en sus dos primeros capítulos ("De cómo aprendí a leer" y "¿Debe leerse como se habla?"), de los cuales en principio cabría esperar un inicio estrictamente técnico, pero responde inevitablemente a la experiencia de un escritor y lector público experimentado antes que a un puro tratadista. El siguiente capítulo inicia en términos estrictos: "La parte técnica del arte de leer versa sobre dos objetos: la voz y la pronunciación, los sonidos y las palabras"[93]. A partir de ahí, la idea básica consiste en que la voz es un órgano pero como instrumento, análogo —según Legouvé— al piano, con dos octavas y tres especies de notas o cuerdas y de ahí las tres especies de voz (baja,

---

[92] Prólogo, pp. V-VIII. Ahí mismo prosigue el prologuista español concluyendo por su cuenta: "Lo que en el comienzo de esta circular se dice acerca del menosprecio con que en Francia se miraba la lectura, se aplica punto por punto a España, donde solamente se la cultiva en las escuelas primarias, y no más que como ejercicio para la pronunciación. Las mismas disposiciones, por tanto, que adoptó el Ministro de Instrucción pública allende los Pirineos, conviene aplicar a nuestros establecimientos de primera y segunda enseñanza, para que empiece a cultivarse entre nosotros un arte que es de absoluta necesidad en la vida social. A este fin va encaminada la traducción del presente libro, no menos instructivo que deleitoso, por la maestría con que se expone el asunto, lo vivo y animado de su estilo, lo elegante y castizo de su dicción".

[93] Sigo la antecitada edición de Salés y Ferré, p. 24.

media, alta). La voz, pues, como instrumento ha de ser afinada, es decir armonizada y templada. El segundo objeto es la respiración, enseñar a respirar, conduciendo la relación entre respiración y sentido de la frase; en tercer lugar la pronunciación, fundada en la distinción de vocales y consonantes y el acceso del sonido a la palabra, garante de la claridad del discurso y la pureza de la dicción mediante el poder de la articulación. ("Para las personas sensatas no hay más que una manera de articular: pronunciar lo bastante para ser oído, no lo bastante para ser notado"[94]). Las deficiencias generales de la articulación son subsanables mediante ejercicio, pero existen tres "vicios especiales de pronunciación", el ceceo y el tartajeo, más fáciles de corregir, y la tartamudez, cuya deficiencia es a un tiempo física e intelectual o psicológica, ya se refiera al conjunto de sonidos del alfabeto o a algunos de ellos. En fin, tras lo relativo a pronunciación, la puntuación constituye el importante elemento último relativo a "la parte material del arte de la lectura, al mecanismo", ya que se puntúa tanto mediante la escritura como mediante el habla, y del mismo modo que cambia la puntuación de aquélla con las épocas, ha de cambiar igualmente la del habla. Ya la segunda parte de la obra es la "intelectual", de "aplicaciones de la lectura a la elocuencia, a las obras en prosa y a la poesía", y donde, a propósito de una conversación con Sainte-Beuve, se dirime la función de "la lectura como medio de crítica", del lector hábil o de talento como crítico literario. Si es función del lector de talento revelar la belleza de las obras que interpreta, que lee en voz

[94] Ibid., p. 52. Son muy pocas las personas que nacen con buena articulación, pero todas las deficiencias de la articulación son subsanables, según Legouvé, que en esto sigue a Régnier (que preconiza hablar así a los sordomudos), mediante el ejercicio de situarse frente a un interlocutor amigo y hablar muy bajo, utilizando la menor cantidad posible de sonido, produciendo una articulación cuyas palabras van dirigidas tanto a los ojos como al oído de quien atiende. Así "la articulación desempeña una función doble: la suya especial y la propia del sonido; y para ésta segunda, tiene que dibujar con limpieza las palabras e insistir fuertemente en cada sílaba, a fin de hacerla entrar en el espíritu del que oye. He aquí, pues, el método infalible para corregir todas las deficiencias y todas las asperezas de la articulación. Sometiéndose durante algunos meses a este ejercicio, se suavizarán y fortificarán los músculos articulares de tal suerte, que responderán, por su elasticidad, a todos los movimientos del pensamiento y a todas las facultades de la dicción" (pp. 49-50).

alta, y para ello ha de comprenderlas, sucede además que la lectura en voz alta hace comprenderlas mejor, "da un poder de análisis al que jamás llegaríamos por la lectura muda"[95]. La tercera parte es relativa a la prosa; la cuarta en realidad ya está formada por apéndices, y concluye, tras un vivaz ejemplo como Post Scriptum, con otra serie de apéndices que forma un útil conjunto de fragmentos técnicos de diversos autores franceses dedicados a la práctica pedagógica de la lectura.

La obra de Legouvé, sin ser un estricto tratado, es claramente una construcción de tradición retórica establecida sobre el tercer componente constructivo del discurso, la *elocutio,* y su conexión con las operaciones ya puramente pragmáticas de *pronunciatio* en el marco de la *actio* e incluso, aun subsidiariamente, de la *memoria.* Y ello a fin de conducir a la Elocuencia a propósito de las obras literarias eminentes en verso y en prosa, siguiendo siempre, desde los elementos materiales, el esquema retórico básico de virtud/vicio y un subsiguiente subrayado didáctico de todo ello e incluso accediendo a concreciones críticas y de enjuiciamiento sobre la base anterior, conducente a la lectura literaria sin haber olvidado la utilitaria previa. Por lo demás, el antedicho apéndice más técnico que incorpora textos de diversos autores suple las carencias del conjunto.

El ejemplo de Legouvé fue sin duda el esencial para el impulso del género y el establecimiento del Arte de la Lectura en España. Dicen Domínguez y Serrano de la Pedrosa que "el libro de Legouvé tiene todos los atractivos imaginables: el asunto es nuevo, la exposición amenísima, la forma ingeniosa y completamente parisiense./Se lee con mucho más interés y complacencia que una novela; y como el autor es, ante todo, poeta, y poeta dramático, sus exageraciones o sus errores tienen irresistible fuerza de penetración en el espíritu"[96]. En palabras del honestísimo Rufino Blanco, que siempre mantuvo

---

[95] Ibid., p. 79.

[96] Julio Domínguez y Francisco Serrano de la Pedrosa, *La lectura como arte. Estudios preparatorios,* Madrid, Manuel Minuesa de los Ríos, Impresor, 1886, 3ª ed., p. 96. La obra tuvo tres ediciones, todas ellas de 1886.

en su tratado, junto al prefacio, "el retrato y firma autógrafa del gran lector francés Ernesto Legouvé", éste "es el padre y revelador de la Lectura"[97]. Pero lo cierto es que las obras españolas adquirieron de forma creciente un singular desarrollo alcanzando en la de Rufino Blanco una dimensión y valor progresivamente madurados que le otorgan lugar propio muy relevante dentro del panorama europeo del género. A diferencia del caso de Legouvé, el género, que, insisto, no es en principio sino una especialización retórica elocutiva y didáctica de carácter práctico, surge en España con toda sobriedad tratadística y encaminado al desempeño de una labor docente bien sistematizada. En lo que sigue me referiré sobre todo a las obras de Domínguez y Serrano de la Pedrosa, Anchorena y Julio Fernández, las tres muy utilizadas en su tiempo y, en último lugar, la de Rufino Blanco, la más extensa, reeditada y valiosa[98]. Si nada se me ha traspapelado o quedado omitido en las bibliotecas del Ateneo y Nacional de Madrid, éstos son los pivotes de la materia en España. El pequeño conjunto de títulos ofrece una autocomplementación a modo de gama y hasta de tipología del género. Haré muestreo variable atendiendo a sus características y con el objetivo de representar textualmente en algo sus contenidos, pues son todas ellas obras ya casi desconocidas y nunca puestas debidamente a disposición del lector, lo cual ha originado una peligrosa laguna en la materia e históricamente en la visión tanto teórica como didáctica de la misma.

---

[97] Rufino Blanco, *Arte de la Lectura,* Madrid, Imp. de la Revista de Archivos, 1909, 4ª ed., p. 271.

[98] Puede verse en nuestro Apéndice tercero y último una reproducción de los tres esquemas que, siguiendo el estilo retórico, ofrece Blanco en su *Arte de la Lectura* acerca de la disciplina que toma por objeto.

En *La lectura como arte* (1886)[99], de los pioneros Domínguez y Serrano de la Pedrosa, se afirma en el prólogo una idea paralela a la presentada inicialmente por el libro de Legouvé, pero con mayor brevedad, incisión y de forma más divertida: "Tratándose de la lectura como arte, en España está casi todo por hacer [...] Los pocos lectores que tenemos se han *formado* a sí mismos y han estudiado el arte de la lectura en el mismo colegio en que aprendió táctica Viriato"[100]. Técnicamente, respecto del lector, éste "debe ser un artista; pero no es un artista que *crea*, sino el que aprecia, siente y expresa lo creado, arte más modesta, más fácil y adaptable a mayor número de organizaciones". La voz "es la materia prima del arte de la lectura". Respecto de la posición del cuerpo, la postura, "no hay regla posible", a diferencia del caso concreto de los brazos. El auditorio "es el complemento necesario del lector artista". El mayor problema reside en la respiración y su esfuerzo prolongado en el tiempo: "por mucha que sea la frecuencia con que el lector tome aire, y por maña que se dé para aspirarlo antes de las palabras que empiezan con *a*, con *e* o con *o*, para disimular la aspiración pulmonar, es imposible que coincidan el ritmo de la respiración y el que establece la lectura, e imposible asimismo impedir que los músculos que entran en ejercicio no produzcan el ácido sarcoláctico, no carguen la sangre con un exceso de ácido carbónico, causas ambas del embotamiento y el cansancio". En lo que a la pronunciación se refiere, se observa con acierto cómo sus movimientos "determinan la secreción de la saliva, y así se observa

[99] Es de notar que el tratadito (citado anteriormente) tuvo tres ediciones y todas ellas el mismo año de 1886 y se encuentran en la Biblioteca Nacional. No me consta la existencia de ninguna otra. Tiene 131 páginas y se vendía a 2,50 pesetas. Cabría preguntarse acerca de la cantidad de ejemplares por tirada, que todo parece indicar obedecería a la demanda sucesiva e inmediata de un público culto sensible a esta materia sin duda compuesto principalmente por oradores, profesores, escritores y actores. Es ciertamente obra fundacional, dotada de una independencia de criterio muy de agradecer y de cierto desparpajo; la más animada de toda la serie, acaso por aún no sujeta a criterios académicos y probablemente un tanto divertida en alguna que otra ocasión, a ojos quizás sobre todo del lector de hoy.

[100] Ibid., p. 8.

un considerable aflujo de ella al concluir el primer párrafo de la lectura./Pero como pudiera ocurrir el tropezón en ese primer párrafo, conviene excitar la secreción salivar antes de dar comienzo a la lectura, bien por medio de alguna sustancia a propósito, como un grano de sal, un terrón de azúcar, etc., o bien leyendo un par de párrafos fuera del local ocupado por el auditorio"[101].

José Anchorena, el primer traductor de Legouvé, y de quien se puede considerar discípulo en buena parte de los conceptos básicos y la disposición general de la materia, compuso unos *Principios Generales sobre el Arte de la Lectura* editados en 1890 con autorización para uso de texto en centros docentes[102]. Anchorena organiza su tratadito en nueve capítulos, en realidad siguiendo el esquema técnico del autor francés pero de manera escueta y precisa: De la voz, De la respiración, Lección práctica, La pronunciación, Vicios de la pronunciación, Del uso de la voz, De la lectura de los versos, Cómo se debe leer y De la puntuación, más una lección última. En lo que se refiere a pronunciación, por ejemplo, empieza con términos de Legouvé ("respirar es vivir", "leer es respirar") y "como la lectura es la palabra y no hay palabra sin respiración, podemos deducir sin violencia otra relación, siquiera sea momentánea, entre la lectura y la respiración, diciendo: leer es respirar", y "si leer es respirar, para leer bien será necesario respirar bien"[103]. Sin embargo, en la primera

---

[101] Ibid., pp. 16, 21, 55-56, 37, 97, 91. Domínguez y Serrano de la Pedrosa reproducen los consejos higiénicos para el uso de gafas y lentes del Dr. A. de la Peña: "1º La luz debe ser colocada al lado izquierdo para evitar las sombras. 2º No debe leerse mucho tiempo seguido; conviene descansar a menudo tomando notas, fumando un cigarro, etc. 3º Dese la preferencia a los volúmenes pequeños que puedan tomarse bien en la mano; y si son grandes, úsese un atril. 4º Los libros impresos en papel amarillento son los mejores, porque en ellos resaltan más los caracteres de letra. 5º Los periódicos de líneas cortas convienen más que los de líneas largas, pues al pasar de una a otra línea hay un pequeño reposo, muy conveniente para la vista" (p. 75). Ciertamente, en el punto 4 existe confusión o un mal empleo del verbo "resaltar", pues no se trata ahí de un problema visual de contraste sino de refracción.

[102] José Anchorena, *Principios Generales sobre el Arte de la Lectura,* Madrid, Imp. Hijos de J. M. Ducazcal, 1890. La 3ª ed. es de 1896, póstuma, en la que se da noticia del autor. Existe, al menos, una 4ª ed. de 1914.

[103] Ibid., pp. 15-16.

página, Anchorena comienza por declarar que, naturalmente, se trata de la lectura en voz alta y que "la voz ha de ser lo primero y lo principal", pero al comparar asimismo la voz con el instrumento musical, a diferencia de Legouvé no propone el piano sino más acertadamente, según recuerda hizo Quintiliano, la flauta.

La *Teoría del Arte de la Lectura y Escritura,* de Paulino Fernández[104], el primer tratado que comienza por reunir en el título lectura y escritura, siguiendo en realidad con ello la idea del método mixto de aprendizaje de la lectura, constituye una suerte de compendio. Es tres años posterior a la primera edición del tratado de Rufino Blanco, lo cual es necesario hacer constar, pues coincidirá con éste en conducir la materia a su posición más amplia y plena, en tanto que teoría general del lenguaje y, a su vez, insertar la lectura como arte en sentido artístico configurando la integración de ésta en el marco de la clasificación de las artes. No es mi propósito entrar aquí en los detalles de la posible relación o dependencia entre las obras de Paulino Fernández y Rufino Blanco, ambos por otra parte santanderinos de procedencia, aunque es evidente la superior responsabilidad académica y erudita de este último, quien por lo demás reconoce y cita a Domínguez y Serrano de la Pedrosa pero nunca, en las muchas ediciones posteriores de su *Arte de la Lectura*, el texto de Paulino Fernández. Con todo, de éste es preciso tener muy en cuenta que anuncia en su prólogo el propósito de "recopilar" en lenguaje claro y sencillo "lo más esencial" de cuanto se ha dicho sobre "esta asignatura"[105]. Es decir, implícitamente declara que nada hay de propio en su obra. Esto al margen de que ciertas partes, de disciplina retórica en particular, corresponden al sistema tradicionalmente transmitido de base grecolatina y en este sentido el saber común así lo identifica sin necesidad de indicación alguna.

La obra consta de cuarenta y cuatro capítulos y, aunque no muy extensa, posee la ambición ya señalada de situar la materia en su

---

[104] Paulino Fernández y Fernández, *Teoría del Arte de la Lectura y Escritura,* Santander, Tipografía A. de Quesada, 1897. No tengo referencia de que existan reediciones.

[105] Ibid., p. 3.

lugar más general y adecuado. Comienza por el lenguaje y el signo y sus clases para introducir de inmediato las artes y su clasificación y en tercer lugar la lectura y su división como arte. Tras definir pertinentemente las disciplinas contiguas, acaba esta parte, epistemológica por así decir, y ya el cuarto capítulo se aplica al aparato de fonación y demás elementos hasta la oración, la cláusula y los tonos de voz. Subsiguientemente, expuesta la puntuación, introduce una retórica elocutiva de lenguaje figurado conducido al verso, los géneros y la teoría retórica de los estilos, asumiendo el estilo sublime, de gran connotación estética, e inmediatamente una parte dedicada al "acto de leer" que empieza por "las cualidades del lector" y continúa con las "clases de lectura", las "cualidades de la lectura" y sus defectos, el estilo en relación a la lectura en prosa y verso, los "asuntos para la lectura", que parcialmente son modalidades del discurso, "dificultades en la lectura" (sólo referidas a problemas de textos: manuscritos, ortografía….), y por último lo atinente a teoría didáctica con los "métodos de lectura" (reconociendo y examinando tempranamente los establecidos, analítico, sintético y mixto, indicando del primero que es seguido por Pestalozzi, Jacotot y Vallejo) y los usos correspondientes para señalar que "el procedimiento mejor y más importante para la enseñanza de la asignatura es el de la lectura y escritura simultáneas, llamado también de la lectura por la escritura"[106].

En general es de reconocer en la producción de Rufino Blanco (1861-1936), tanto en lo que se refiere a teoría de la educación y didáctica de la lengua y la literatura como al Arte de la Lectura, la más importante elaboración de la España de su tiempo. Este discípulo de Menéndez Pelayo se dedicó asimismo con empeño a funciones de gestión para el desarrollo de la Pedagogía y la mejora de las Escuelas de Magisterio hasta su trágica muerte en la Guerra Civil. Se ha dicho que configura junto al institucionismo de la escuela de Giner de los Ríos el mejor trazado pedagógico, igualmente de base cristiana, pero explícitamente católico. El *Arte de la Lectura. Teoría y práctica* tuvo primera edición en 1894, siendo declarada la segunda de 1898 libro

[106] Ibid., p. 113.

de texto para las Escuelas Normales. De 1899 data la tercera y de 1909 la cuarta. De 1927 es la undécima, en cuyo prefacio se pregunta el autor acerca de la cualidad de su libro para haber obtenido éxito tan favorable, respondiendo que "novedad de reglas y preceptos no, porque la mayor parte habían sido ya dados por ilustres cultivadores de las artes de la palabra", pero añade: "lo que pudo agradar, porque se ofrecía al público por primera vez, fue la forma sistemática de exponer la materia, pues cuantos escribieron antes sobre ellas se limitaron a tratar episódica y fragmentariamente de tan noble ejercicio, sin cuidarse apenas de plan, método ni sistema de exposición..."[107]. Obsérvese, pues, cómo aparte de mostrarse severo en este aspecto con sus antecesores, centra Blanco en la razón del sistema el valor de su obra, porque ésta es propiamente un tratado en su más amplio sentido tanto totalizador, de principio constructivo y exigencia actualizadora como de función documental, compendiosa y práctica. El hecho es que llenó una época de la cultura pedagógica y de la ciencia del lenguaje en España con eficiente perspectiva e interpenetración disciplinaria. Por lo demás, un libro académico de tan dilatada vida útil y editorial había de estar sometido por su autor a revisión permanente. Con motivo de esta undécima edición, comenta el autor que "...lleva, como las anteriores, algunas mejoras. La más importante es la de haber completado la teoría con sesenta ejercicios prácticos de lectura, diez de ellos de tipo manuscrito, metódicamente graduados, de autores selectos, para atender así a varias indicaciones hechas por algunos compañeros de profesión"[108].

El *Arte de la Lectura* de Blanco consta de seis capítulos preliminares, referidos al lenguaje (el signo y sus clases, clasificación del lenguaje, lenguaje oral y escrito), el arte en general (concepto de arte, ciencia y arte, la clasificación de las artes y la lectura), el concepto de lectura (lectura como arte de la palabra, diferencias con otras ar-

---

[107] Rufino Blanco y Sánchez, *Arte de la Lectura. Teoría y práctica,* Madrid, Imprenta del Patronato de Huérfanos de Intendencia e Intervención Militares, 1927, 11ª ed., p. V.

[108] Ibid., p. VI.

tes o disciplinas, objeto y finalidad, importancia deducida, aspectos didácticos, división del arte de la lectura en especulativa y práctica), ciencias y artes relacionadas con la lectura (gramática y artes auxiliares), conocimientos físicos necesarios al lector (sonido, tono, timbre, melodía, ritmo; aparato de fonación, respiración, fonética, higiene de la voz; oído, vista y tacto), nociones de Estética convenientes al lector (la belleza y sus clases, el artista, la obra y el público, concepto de crítica y cualidades del crítico; las bellas artes y la lectura entre éstas). Los Preliminares se entienden como introducción a los Conocimientos Técnicos, que es el cuerpo del tratado, dividido acertadísimamente en tres partes: 1ª De la obra legible (veinticuatro capítulos), 2ª Del lector (tres capítulos), 3ª Del acto de leer (cinco capítulos). Se ha de advertir que Blanco compuso paralelamente y aparte un *Arte de la Escritura y de la Caligrafía*, igualmente destinado a uso didáctico. El Arte de la Lectura naturalmente mantuvo siempre en relación a su objeto primordial la obra literaria, y de ahí la necesaria extensión y aplicación diferenciada a los géneros literarios, que por lo demás son razón de su compleja diversidad constitutiva y de ciertas individualizaciones dentro de la disciplina[109].

La extensa primera parte dedicada a "la obra legible", divide los conocimientos técnicos y se ocupa, siempre manteniendo el vínculo respecto de la lectura, de las letras, la articulación, la pronunciación, vocales y consonantes, vicios de pronunciación y su corrección, cla-

[109] Véase Ramón Giralti-Pauli, *Lectura estética o arte de leer con sentido todos los géneros,* Sevilla, Imp. A. Pérez y Comp., 1893 (justo un año anterior a la primera edición de Blanco), colección antológica de textos poéticos para la lectura provistos de indicaciones previas. Distingue la expresión de los dobles pares tópicos: ternura y amor, irritación y fuego / alborozo y alegría, terror y llanto. La recomendación general que mantiene consiste en que "es necesario ante todo, penetrarse bien del sentimiento de la composición que se va a leer, poseerse profundamente de los sentimientos, que el poeta ha querido expresar, procurando que el corazón esté dominado por ellos" (p. 11). De entre los aspectos de técnica subrayaremos el siguiente: "Las pausas al final de los versos y medios versos, no deben ser cortadas secamente, sino que deben continuar la *resonancia* de la última palabra o sílaba hasta que se empiece la siguiente. Sólo debe darse un *corte seco* al final de ciertas estancias, que acaban en un verso agudo" (p. 12).

sificaciones de las letras, el alfabeto y sus clases, las sílabas, la palabra, la cantidad y el acento, la oración, la cláusula, la puntuación, la obra literaria, las figuras de lenguaje, el estilo y sus clases, la prosa y el verso, la forma material de la obra literaria, las cualidades de la obra literaria (ficción, defectos e incorrecciones), división o géneros de la obra literaria (Poesía, Oratoria y Didáctica), la Didáctica, la Oratoria, la Poesía (concepto, lenguaje, lírica, épica, dramática y poemas compuestos: sátira, epigrama, poemas didácticos y bucólicos). La segunda parte, "del lector", trata de las cualidades naturales de éste (físicas y espirituales, buen gusto, talento, genio e inspiración), las adquiridas y de los buenos lectores y los lectores célebres y sus tipos. La tercera parte, sobre "el acto de leer", se refiere a la lectura en general como acto (potencias, proceso psicológico, momentos principales de la lectura artística), las clases de lectura (mental y en alta voz, privada y pública, corriente y expresiva, explicativa, improvisada y preparada), las cualidades y vicios de la lectura en voz alta (expresión y emoción, lectura mecánica, entonación, la tos, la lectura bella y sus efectos), el local y el auditorio, las reglas generales para la lectura en voz alta (la amplia gama de elementos prácticos, desde la obra elegida hasta la mímica, la respiración, la emisión media), los medios de propagar la afición a la buena lectura y la preparación de una lectura expresiva en alta voz.

La obra consiste, pues, en un tratado o principios generales de ciencia del lenguaje entendiendo ésta en el amplio sentido que presupone el lenguaje literario, su vinculación precisa con la retórica, la didáctica, la estética, las artes y, evidentemente, la teoría de la lectura como núcleo técnico y ensamblaje general así como un aparato de ejemplificación textual que a dicho núcleo acompaña. Visto así, puede afirmarse que en términos globales la construcción disciplinaria había accedido, mediante la maduración de estos tratados-manuales, a una cota de capacidad comprehensiva y visión tanto generalista como práctica muy elevada e inteligentemente integradora. Sin duda las contingencias del siglo XX hubiesen exigido con posterioridad y en cualquier caso algún modo de funcionalización expositiva y de especialización, así como de innovación de otros aspectos, pero lo cierto es que la operación llevada a cabo decidida y definitivamente por la didáctica y la lingüística de la segunda mitad de ese siglo XX dio como resultado la depauperación, bajo concepto innovador, del saber pedagógico y humanístico bien fundado por la tradición y representado en este género de obras.

Convendría recordar la existencia de un proyecto teórico sobre la lectura, para bien y para mal mucho más estructuralista que propiamente teórico, pero a su vez desarrollado con pretensión hermenéutica y que ha pasado, hasta donde yo sé, desapercibido. Es el caso de la obra del rumano Paul Cornea, que organiza un sistema dividido en "condicionamientos de la lectura" (es decir texto, lector, sistemas de códigos y competencia del lector, y contexto) y una hermenéutica de "comprensión" (donde parte del sentido y la referencia e incluye entre otros aspectos el de la prelectura)[110]. Cuando menos en cierta medida característica, el trabajo de Cornea viene a definir un campo de actuación ecléctico mediante el cual algunos sectores de las escuelas formales intentaron tardíamente sobreponerse a su antihumanismo mostrenco.

La más singularizada y a fecha de hoy menos discutible de las especializaciones o escuelas que culminan en la década de los años setenta del siglo XX, y además la única referida propiamente a la lectura, es aquella alemana que podemos designar Teoría de la Recepción, aunque autodenominada "Estética de la Recepción" (*Rezeptionsästhetik*), la cual ofrece un relativamente amplio abanico de posturas, y, por otra parte, una relación de origen más antigua y fundada de lo que se suele pensar, pues algunos de sus teóricos se encargaron de omitir toda posible referencia. No obstante, la recepción considerada desde un cierto aspecto histórico-literario y no sólo como análisis de la lectura, ha de remitirse centralmente a la escuela de Constanza y, dentro de ésta, a los trabajos de Jauss y promovidos

[110] Paul Cornea (1988), *Introduzione alla teoria della lectura*, Florencia, Sansoni, 1993.

por él. Sin duda, la utilización del término "estética" para el caso es equívoca, aunque esto se atenúa si se piensa en el viejo concepto estético de "efecto" y su aplicabilidad a la lectura y al lector. Ahora bien, el modo en que adquiriría verdadero sentido ahí el término "estética" sería sencillamente haciendo ver que el estudio acerca de la recepción y del efecto en el lector se hallaban perfectamente integrados en los estudios estéticos de la segunda mitad del siglo XIX, pero el hecho es que en nuestro tiempo nadie se ha dado por enterado de ello, lo cual por sí mismo resulta significativo. No se trata, por supuesto, de emprender en este lugar una investigación a ese propósito; bastará con recordar las indagaciones estéticas acerca de la "representación" y la "percepción" y, por otra parte, el ejemplo eminente acerca de la "receptividad" y una teoría acerca de la actuación no exteriorizada o implícita del lector según muy matizadamente presenta Eduard von Hartmann en su gran obra estética de 1887, decisiva entre otras cosas para el estudio de los géneros literarios y la relación entre la Literatura y las demás artes. Hartmann piensa de forma muy bien argumentada que "productividad" y "receptividad" no son exactamente conceptos contrapuestos en virtud de las relaciones entre belleza natural y belleza artística.

De los términos básicos y muy exitosos utilizados por los teóricos de la recepción, hay dos, característicamente empleados por Wolfgang Iser y elevados por éste a título de obra, que hicieron gran fortuna: "el acto de leer" y "el lector implícito". El primero de ellos, como vimos, procede del Arte de la Lectura del siglo XIX, mientras que el segundo, su ideación si no el mismo término, pertenece a una de las grandes obras teóricas de ese mismo siglo pero olvidada en nuestro tiempo y sobre la cual vengo llamando la atención desde hace años.

La muy difundida teorización de Wolfgang Iser acerca del "lector implícito"[111], de la que hemos de empezar por reconocer su bien

---

[111] Cf. W. Iser, *Der Implizite Leser: Kommunikationsformen des romans von Bunyan bis Beckett,* Munich, Fink, 1972; y *El acto de leer. Teoría del efecto estético* (1976), Madrid, Taurus, 1987.

fundada intensidad teórica, aun por encima de su capacidad de resolución, no es en su concepto básico sino apropiación procedente de Eduard von Hartmann[112], quien consideraba que el lector de gran fantasía, inducido por el sentido intuitivo de los términos, es quien mejor y más inadvertidamente produce en su conciencia la apariencia fantástica pretendida por las palabras del autor, determinando individualmente lo dejado sin determinar por éste. Léase este fragmento de la importantísima y apenas conocida *Filosofía de lo Bello* de Hartmann, obra que entre otras cosas contiene, todo sea dicho, la técnicamente mejor fundamentada teoría de los géneros literarios conocida:

> Cuanto más vivaz sea la fantasía del oyente, tanto mejor completará, sin percatarse de ello, el interior o el paisaje en el que sucede la acción, la apariencia personal de las figuras que intervienen, y en general todas aquellas particularidades que el poeta deja sin determinar, configurándolas en su determinación individual. Pero todos esos añadidos resultan inesenciales para el efecto poético; no en el sentido de que el poeta, en lo más elevado de su labor y en lo que se refiere a su determinación individual, considere *en general* indiferente la elaboración autónoma de la apariencia fantástica inducida, sino sólo en el sentido de que las indicaciones que el poeta deja sin determinar resultan esenciales para la *constitución inmediata* del efecto poético de la acción, siempre que no contradigan sus rasgos esenciales y establezcan con ellos una relación armónica, en función de la ley de la correlación. En el ámbito de estos aspectos inesenciales, pueden darse formas absolutamente diferentes de complementar el efecto poético de la apariencia fantástica, siendo indiferente, a la hora de enjuiciar la complementación de la expresión lingüística, si, una vez efectuada la interpretación, se aprecia un notable desvío entre las apariencias fantásticas suscitadas en los diversos oyentes, o si dicho desvío se establece respecto de la apariencia fantástica del poeta mismo. El poema puede y debe determinar la apariencia de la fantasía, mediante la dirección del lenguaje, sólo hasta alcanzar una esencial determinación de sus rasgos para simbolizar el contenido ideal; no puede ir más allá de este límite, y si se atreve a restringir la libre actividad de complementación que ejerce la fantasía del oyente sobre los rasgos inesenciales, sin dejarle espacio alguno para desarrollarse, comete

---

[112] Cf. E. von Hartmann (1887), *Filosofía de lo Bello. Una reflexión sobre lo inconsciente en el arte,* ed. de M. Pérez Cornejo, Valencia, Institució Alfons el Magnànim, 2001.

> un error muy grave. Aquí debe aplicarse el conocido dicho: *le secret d'être ennuyeux c'est de tout dire*; pues, como es sabido, en poesía cualquier género resulta bueno, excepto el aburrido[113].

Hartmann, por otra parte, aplica esta teoría a la relación idealismo/realismo, haciendo ver que este último se equivoca cuando desde una perspectiva antipoética pretende limitar la libertad de fantasía del receptor, pues el modelo de la realidad no marca diferencias entre rasgos esenciales e inesenciales. Sólo la apariencia de la fantasía "constituye la forma de manifestación sensiblemente concreta a la que le resulta implícito el contenido ideal de la obra de arte, comportándose respecto del lenguaje poético como el contenido respecto de la forma, o como lo expresado respecto de la expresión"[114]. La apariencia fantástica es la apariencia sensible potenciada por la fantasía; la apariencia sensible en su totalidad, especialmente determinada por los sentidos superiores. Las sugestiones que emanan de la palabra poética desencadenan el juego de la imaginación en que consiste la apariencia *poética* de la fantasía. El arte de la apariencia de la fantasía puede concebirse, en cuanto a sus componentes esenciales, en tanto que síntesis superior del arte de la vista y el oído efectuada en la fantasía, de manera semejante a la mímica integral; por ello la poesía, como el mimo, es un arte espacio-temporal del movimiento. No debe mezclarse la apariencia auditiva de la recitación poética con la apariencia fantástica de las figuras poéticas, pues constituye un mero medio de separación de la apariencia de la fantasía del discurso hablado. Y así, sólo puede unirse a la apariencia fantástica de las intuiciones visuales la apariencia fantástica de las sensaciones auditivas.

La Escuela de Constanza promovió, en tiempos del estructural-formalismo, el traslado del objeto literario de atención desde el texto al lector. Jauss, como es bien sabido, valiéndose de la hermenéutica de Gadamer y su superación de las concepciones del lector pasivo mediante un concepto hermenéutico y dialógico, entendió que el

---

[113] E. von Hartmann, Ob. cit., pp. 296-297.

[114] Ibid., p. 298. Para esto y lo que sigue mantengo mi comentario a la obra de Hartmann que realicé con el título de "La estética literaria de Eduard von Hartmann. La filosofía de lo Bello", en *Analecta Malacitana*, XXIV, 2 (2001), pp. 557-580.

lector constituye la clave del texto y en consecuencia ha de abandonarse el inmanentismo textual. No puede decirse que el discurso programático *La historia literaria como desafío a la ciencia literaria*, de Jauss[115], necesaria más que excelente crítica a la historiografía literaria heredada, constituya sin embargo, en su última parte, una sólida articulación de confrontaciones con la opción marxista, pero el hecho es que situó un puñado de problemas que conjuntamente nadie había puesto de manifiesto hasta entonces y resituó asimismo el problema del "horizonte de expectativa", en término gadameriano, respecto del lector y la distancia interpretativa respecto de la histórica. Iser, por su parte, se alejaba de la concepción histórica y, explícitamente a partir de Ingarden, proyecta un estudio fenomenológico de la lectura y, tras efectuar una reflexión sobre el concepto estético de "efecto" y sus limitaciones sobre todo en lo relativo a la confusión de la obra literaria con su resultado en el receptor, se ocupa de la interacción asimétrica entre texto y lector y del concepto de "negatividad", lo vacío y lo no dicho, indeterminación que hace posible el crecimiento del texto. Así viene a entender que los textos más bien inician realizaciones de sentido, y que la cualidad estética de los mismos precisamente reside en esa "estructura de realización", la cual no puede ser identificada con el producto puesto que sólo la participación del lector hace posible la "constitución de sentido", siendo por consiguiente lo *cualitativo* del texto literario el hecho de poder generar lo que todavía no es. Pero a mi juicio la teoría de la recepción, exigía una efectiva propuesta histórico-literaria en alguna medida extensa y equilibrada, un programa de investigación que, partiendo de lo empírico, considerase al menos: a) caracterización periodológica de las ediciones de obras y revistas de una época o corriente literaria y definición de aspectos de difusión de las mismas; b) descripción evaluativa de las manifestaciones habidas acerca de dichas publicaciones por parte de las instituciones, la crítica y los

---

[115] Cf. Hans Robert Jauss (1967), "La Historia literaria como desafío a la Ciencia literaria", en Gumbrecht, Jauss, Weinrich, Köhler, Kuhn, Grimwinger, *La actual ciencia literaria alemana,* Salamanca, Anaya, 1971, pp. 37-114.

lectores; y c) descripción e interpretación de dichas manifestaciones relativas a la lectura en tanto que propiamente supongan lectura de los textos concernidos. Sólo a partir de la realización de una base de este tipo, o similar, pienso que se podía haber ejecutado una reflexión capaz de relevar la detestada historiografía literaria heredada en los términos que se pretendía. No es posible emprender una reflexión ni fundar una investigación, a no ser al modo penetrante e iluminador de especulativa netamente teórica, tomando en un campo de evidente naturaleza empírico-crítica simplemente al lector como productor o actuando como si se conociese el fuero interno de los lectores de una época o la gama de documentos relativos al objeto adoptado.

Fue Gumbrecht quien en 1975 obtenía propiamente una visión del conjunto de la escuela o teorías de la recepción, proponiendo por lo demás una inserción en el marco de la teoría de la comunicación. Decía Gumbrecht —que cito en extenso—, "el cambio del interés epistemológico de la ciencia literaria no se concibe como la sustitución del texto o del autor por el lector en la posición máxima de la jerarquía de relevancia. Su característica consiste más bien en que el debate científico ya no consiste primordialmente en un proceso de convergencia, motivado por un ideal de perfectibilidad, hacia el *lector ideal* y hacia la *correcta construcción de sentido,* sino como esfuerzo de reconstrucción, con el objetivo de comprender las condiciones de *diferentes construcciones de sentido* sobre un texto dado por *lectores con diferentes disposiciones de recepción surgidas histórica y socialmente.* El hecho de que hasta ahora se hayan anunciado a menudo propuestas de solución para esta tarea (por ejemplo una 'historia de funciones' o una 'historia literaria del lector'), pero que sólo raras veces se hayan llevado a cabo, puede servir de explicación de los síntomas del estancamiento en un debate teóricamente ilimitado"[116]. Creo que en este sentido no cabe diagnosticar y resumir mejor la cuestión.

---

[116] Cf. Hans Ulrich Gumbrecht (1975), "Consecuencias de la Estética de la recepción, o: la Ciencia literaria como sociología de la comunicación", en J. A. Mayoral (Comp.), *Estética de la recepción,* Madrid, Arco/Libros, 1987, p. 147.

4. Introducción a la representación artística del lector y la lectura: Literatura y Artes Plásticas

La acción de leer, el acto de lectura así como el lector y su objeto de lectura, es decir los textos y su configuración en forma de libro u otros soportes, naturalmente han sido tomados como posibilidad de representación por parte de las artes, esto es de la literatura artística y de ficción[117] y, sobre todo, de las artes plásticas. El primer caso constituiría, pues, por principio un modo general de metalectura, y no sólo metaartístico, como con una u otra dominancia ocurriría en ambos. Pero el primer caso se diría que en razón de constituirse por sí mismo en lectura y objeto determinante y determinado por el lector, no ha tenido aplicación con denuedo a ello, a diferencia de las artes plásticas. Además, si toda persona culta es tenida por lector, éste es un componente relevante del mundo humano a representar, pero un lugar común y por tanto no distintivo sino homogeneizador entre quienes son partícipes de ese mundo de actividad.

Ciertamente todo texto o toda obra literaria, por diferida que pueda surgir en el proceso de su circuito presumible de comunicación, apunta a alguna presencia de sujeto lector. Las convenciones

[117] Entiendo por "literatura artística", coincida ésta o no con la literatura de ficción, aquella que se vale predominantemente del discurso literario como expresión de arte o incluible en el segmento de producción artística, tal ocurre relevantemente con la novela y en general los géneros narrativos y los dramáticos. Para estos casos, en lo sustancial, coinciden o se superponen ficción y expresión artística. Sólo en géneros o subgéneros como la novela o el drama históricos, esto ha de ser relativizado. Pero la poesía, con preminencia la poesía lírica, pues la de carácter histórico y de otras posibilidades ofrece asimismo diferente inserción, que se ha de tomar en sentido de absoluta preferencia artística, no ha de ser considerada como arte de ficción, o al menos porque frecuentemente y en buena proporción no lo es por cuanto representa el mundo interior y vivencial de quien habla, aun declarando representar a otro, si bien este otro frecuentemente no es sino el mismo por delegación de modestia y pudor o medio de objetivación representacional. Esto es necesario aclararlo por varias razones, especialmente las referidas, pero también por el hecho de que el uso práctico y abreviado de "literatura artística" remite a veces no a literatura de naturaleza expresiva dominantemente artística a diferencia de la ensayística, sino a producciones de materia artística como puedan ser los tratados de teoría del arte o las monografías dedicadas al estudio de las artes.

literarias, desde el mero formulismo o la clásica petición de benevolencia hasta el intento personalizado de recabar algún tipo de atención en particular o beneplácito en general, presuponen esa presencia del lector destinatario. Como vimos en el anterior capítulo, es preciso conceptualizar un "lector implícito" según ejecutó la Estética del siglo XIX gracias a Eduard von Hartmann, pero ahora nos referiremos al lector explicitado, o al modo en que se explicita. En cualquier caso, toda literatura se dirige y apela al lector o al receptor y asimismo presupone modos de recepción o de lectura, sea la del rapsoda cantor, la del sacristán en su sacristía leyendo en voz alta libros de caballería o recitando otros sacros o profanos, la del contemporáneo lector de internet o la del disco compacto que alberga la pronunciada grabación reservada a la emisión pública o privada. La historiografía literaria tradicional del siglo XIX siempre atendió, de manera incluso muy organizada, a las categorías de lector y de público, sólo más tarde desintegradas por la malformación o depauperación del género durante la época estructural-formalista. Si el Renacimiento significó un grado de individuación relevante del sujeto lector gracias al humanismo pedagógico, la Romantik alemana no sólo estableció para la cultura contemporánea un nuevo estado de cosas en el que la idea se sobreponía a la forma sensible sino que captó el gran fenómeno del sujeto moderno tal como era asignable a la obra literaria y quedó en extremo representado por la obra de las obras, el *Quijote*. En concepto periodológico romántico, el Romanticismo, que surgía con el establecimiento del cristianismo y el desarrollo de la cultura de las lenguas vernáculas, dispuso en el *Quijote* la extraordinaria y culminante figuración del sujeto moderno y su espacio de ironía como representación subjetiva del mundo. Ese sujeto moderno es también el sujeto lector que en la obra cervantina eclosiona parejamente a la formación prismática del sujeto narrador y al fenómeno de la lectura. Por ello, respecto del *Quijote*, es posible hablar, por ejemplo, de "las aventuras de la lectura"[118].

[118] Me refiero concretamente al título de Daniel-Henri Pageaux, *Les aventures de la lecture,* París, L'Harmattan, 2005. Se ha venido subrayando la importancia que para un concepto moderno de lectura presenta ya en el siglo XV el prólogo de *La Celestina*, pero es indudablemente el *Quijote* la más relevante formulación artística y en general literaria de la lectura. En el *Quijote* no sólo se lee, se habla

La poesía romántica, en el marco de su problematización artística del sujeto, vino a operar, junto a los mecanismos de desdoblamiento y representación refleja del autor (matricialmente en el *Fausto* de Goethe), el modo moderno de apelación al lector. Debe recordarse emblemática y derivativamente respecto de la obra goetheana, la apelación en *El Diablo Mundo* de Espronceda tanto al "comprador" del libro (I,129) como al "lector" (I,133). Es la perspectiva de asunción del lector que para la poesía moderna haría celebérrima Baudelaire como proyecto de individualización en los dos poemas iniciales de *Les fleurs du mal,* el primero de los cuales, "Épigraphe pour un livre condamné", comienza por referirse a un "lector apacible" para concluir solicitándole compasividad so pena de maldecirlo: "sinon, je te maudis!". La segunda composición, más extensa, "Au Lecteur", tras enumerar los males endiablados e inmundicias, recuérdese que cierra con el gran mal del *ennui,* el "tedio": "Tu le connais, lecteur, ce monstre delicat, / - Hypocrite lecteur,- mon semblable,- mon frère!", que igualmente T. S. Eliot, al final del primer canto de *The Waste Land,* reproducirá contribuyendo a su definitiva potencia o expansión literaria enunciativa. El mismo Baudelaire, en el primer párrafo del prefacio-dedicatoria a Arsène Houssaye de los *Petits Poèmes en Prose,* hace partícipe al lector de la disposición del libro, que por no tener ni cabeza ni cola permitirá al autor interrumpir su sueño, a Arsène el manuscrito y finalmente "al lector su lectura" donde plazca. Ahí mismo el poeta francés enuncia uno de los lugares clave de la realización poética moderna al referirse a la posibilidad, que él pretende y ha soñado, de una prosa poética musical, sin ritmo y sin rima pero flexible y capaz de ceñirse a los movimientos del alma. Los conceptos poetológicos de musicalidad y subjetividad categorizados tempranamente por Friedrich Schiller (*Sobre poesía ingenua y poesía sentimental*) afrontaron imbricadamente en la realidad concreta

---

de lectura, se describe el acto de leer sino que la idea de la obra y el psiquismo del personaje se desenvuelven como resultado de las prácticas de la lectura. Puede verse un examen puntualizado de la materia en la *Gran Enciclopedia Cervantina,* VII, Madrid, Castalia, 2010.

del discurso el gran aspecto de la entonación y las alturas tonales que ha condicionado la marcha del lenguaje poético moderno y sus variables histórico-artísticas, sus alternancias entre prerromanticismo, primera y segunda época romántica y corrientes positivistas. Ello determina la lectura oral o su figuración psíquica[119].

Podríase decir que todo poeta suficientemente consecuente, es decir propiamente poeta por posesión de una alta conciencia verbal, se pronuncia acerca de la elaboración del lenguaje poético, pero no frecuentemente acerca de la recepción lectora del mismo. Se recordará que Miguel de Unamuno vino a elaborar en algunos de sus textos, sobre todo en la quizás más leída de sus novelas, *Niebla,* una complejización crítica del conflicto del ser divino, el ser autor, el ser personaje y con todo ello a un tiempo el lector: también "morirán todos los que lean mi historia, todos, todos, sin quedar uno", proclama el personaje enfrentado al autor. En el *Cancionero* de Unamuno, extenso diario poético publicado póstumamente que contiene un buen número de composiciones dedicadas a asuntos de lenguaje, ofrece asimismo una tematización poética que es a mi juicio la más sintéticamente precisa y ejemplarmente explícita producida por la literatura del siglo XX acerca de la lectura como relación ontológica de sujeto, ficción y vida:

> Leer, leer, leer, vivir la vida
> que otros soñaron.
> Leer, leer, leer, el alma olvida
> las cosas que pasaron.
> Se quedan las que quedan, las ficciones,
> las flores de la pluma,
> las solas, las humanas creaciones,
> el peso de la espuma.
> Leer, leer, leer; ¿seré lectura
> mañana también yo?
> ¿Seré mi creador, mi criatura,
> seré lo que pasó?

---

[119] Realicé un estudio del problema en *La concepción de la modernidad en la poesía española. Introducción a una Retórica literaria como Historia de la poesía,* Madrid, Verbum, 2010, pp. 315 ss.

Decía Antonio Machado de su propia poesía que era para ser leída en voz baja, y con ello se propone el desligamiento de la altura declamatoria de la época romántica y del impulso original y práctico del Arte de la Lectura que caracteriza la cultura alfabetizadora y oralizadora del siglo XIX, sobre todo en su primera época literaria fuera de Alemania. Era el siglo de la Retórica como Oratoria política cuya tribuna parlamentaria y callejera ya superaba al púlpito. Y era un fenómeno análogo, relativamente, al que tuvo lugar en la época romana de los declamadores.

Ciertamente, son muchas las obras ensayísticas, tratadísticas y pedagógicas, que en sus diferentes lenguas han adoptado, especialmente durante el siglo XIX e incluso la primera mitad del XX, los títulos de "Lecciones..." y "Lecturas...", con preferencia en sus respectivos sentidos académico y didáctico, pero muy diferente asunto es el de la existencia de obras que se distingan por su tratamiento temático de la lectura y del lector, quiero decir como tratamiento temático pleno, no como mera indicación rotulativa de marbete de género, así los títulos referidos, por una parte, o por otra de la mera presencia o aparición subsidiaria, en los géneros artísticos y de ficción, de personajes lectores y actos de lectura. A este propósito seleccionaré tres casos bien distintos pero igualmente prominentes y desde luego ilustrativos, dos narraciones autobiográficas muy diversas y una novela propiamente dicha: *Les mots* (1964), de Jean Paul Sartre[120]; *The Books in my Life* (1969), de Henry Miller[121]; y *La lectrice* (1986), de Raymond Jean[122], novela ésta íntegramente dedicada a un personaje femenino que ejerce profesionalmente de lectora.

La obra de Sartre sobre las palabras consiste más en una narración autobiográfica y sin encubrimiento que no en una novela autobiográfica; consta de dos partes, una primera dedicada a "Leer" y otra a "Escribir", es decir los dos aspectos de constitución de un

---

[120] Hay trad. esp. de Manuel Lamana, Buenos Aires, Losada, 1964 (1977, 12ª ed.)

[121] Trad. esp. de José Martínez Pozo, Madrid, Mondadori, 1988.

[122] Trad. esp. de Encarna Castejón, Madrid, Espasa-Calpe, 1990.

escritor. Es el relato de la edad de formación del lector, de la importantísima experiencia lectora y en amplio sentido del niño y el adolescente, en este caso del lector extremado, ya absorto ante los libros de la biblioteca del abuelo, pues "no sabía leer aún y ya reverenciaba esas piedras levantadas"; "aún no sabía leer pero ya era lo bastante *snob* para exigir *mis* libros":

> Entonces tuve celos de mi madre y resolví quitarle su papel. Me apoderé de una obra titulada *Tribulaciones de un chino en China* y me la llevé a la habitación de los trastos; allí, encaramado en una cama plegable, hice como que leía: seguía con los ojos las líneas negras sin saltar una sola y me contaba una historia en voz alta, teniendo el cuidado de pronunciar todas las sílabas. Me sorprendieron –o hice que me sorprendieran-, lanzaron exclamaciones y decidieron que ya era hora de enseñarme el alfabeto. Fui diligente como un catecúmeno; llegué hasta a darme clases particulares: me encaramaba en lo alto de mi cama plegable con *Sin familia,* de Héctor Malot, que me sabía de memoria y, medio recitando, medio descifrando, recorrí una tras otra todas las páginas; cuando volví la última, ya sabía leer.
>
> Estaba enloquecido de alegría. ¡Eran mías esas voces secadas en sus pequeños herbarios, esas voces que mimaba mi abuelo con su mirada, que él entendía, que yo no entendía! Yo las escucharía, me llenaría de discursos ceremoniosos, sabría todo. Me dejaron vagabundear por la biblioteca y me lancé al asalto de la sabiduría humana[123].

El libro de Henry Miller también atiende con relieve a la *Bildung,* a la formación del lector. Consiste propiamente en un texto memorialístico cuyo eje es sin duda un riquísimo ejemplo de firme exposición vital y vitalista de la actividad de leer e incluso de los libros leídos y a falta de leer, pues el volumen concluye con sendos apéndices que hacen listado de los cien libros que más han influido en el autor y el medio centenar aproximado de los que en el futuro piensa leer. Es, pues, una suerte de autobiografía mundana de las circunstancias, actitudes y apreciaciones diversísimas del autor en tanto que lector, provista de un excelente capítulo monográfico sobre "La lectura en el retrete", localización nunca considerada en el Arte de la Lectura.

---

[123] Jean Paul Sartre, *Las palabras*, ed. cit., pp. 32-33.

La novela de Raymond Jean, *La lectora,* ofrece la excelente historia de una mujer casada que aconsejada por una amiga decide ejercer un trabajo y para ello aprovechar su voz maravillosa, hasta ese momento sólo utilizada para la recitación grabada en casa. La lectora, que pronto tropezará con la investigación y las suspicacias de un comisario de policía, tiene por otra parte como mentor a un viejo profesor, que le aconseja sobre la lectura de Maupassant y le recuerda la existencia en *L'Oeuvre* de Émile Zola la presencia de una joven contratada como lectora para la viuda de un general. De este modo, tras poner un anuncio en el periódico, accede a lectora a domicilio y sus cuatro grandes aventuras, con un adolescente postrado que conduce a una crisis neurológica y al hospital, una activa niña que desencadena el problema policiaco, un directivo de empresa con el que mantiene relación sexual y una condesa marxista que la conduce agitada entre la lectura leninista de dormitorio y la algarada callejera preocupando a la policía. El ciclo de la aventura concluye con un anciano juez que para su segunda sesión de lectura reúne al neurólogo y al comisario formando un teatral trío de espectadores:

> Hemos pensado, dice el anciano juez, reunirnos los tres para escucharla. Tiene usted un órgano tan admirable… ¿Para qué dispersar sus efectos y acordes? Nosotros representamos, cada cual a su modo, lo más *escuchado* en esta ciudad. ¿Por qué no reunirnos para escucharla a usted? ¿Por qué no aprovechar juntos sus brillantes lecturas? Con eta idea he invitado a mis amigos, como si los invitase a una fiesta. ¡La fiesta es usted, querida Marie-Constance, su *persona!* ¡A esto conduce la fama![124]

En lo que se refiere a representaciones relativas a lectura en artes plásticas, son de considerar las gamas del grabado y pictórica, de la escultura y el relieve. La fotografía y el cine, artes que más conviene designar como visuales, permitirían la selección de ciertas piezas y secuencias, pero extraídas de campos en los que no puede hablarse firmemente de autores ni de producciones en nuestro campo temático densamente configuradas[125]. El arte del grabado en general constitu-

---

[124] Raymond Jean, *La lectora,* ed. cit., p. 181.

[125] Existe un premio de fotografía, "Momentos de lectura", promovido por la Fundación Alonso Quijano para el Fomento de la Lectura, con sede en Málaga, al

ye el más extenso y específico tratamiento de la relación entre imagen y escritura y sus consiguientes determinaciones de lectura. Es un proceso que naturalmente culmina en la época del arte barroco con gran profusión de medios y excepcionalidad artística cuya disposición lúdica y jeroglífica condujo la lectura a grados de complejización y versatilidad nunca antes conocidos[126].

El Arte de la Lectura proporciona en la obra de Domínguez y Serrano de la Pedrosa una relación del lector concerniente a su posible representación plástica:

> Si encargáramos a un escultor una estatua, advirtiéndole que ha de representar al personaje *leyendo,* es posible que le haga sostener con una mano lo escrito mientras ejecuta la otra cualquier ademán más o menos propio y expresivo.
>
> Pero si se atiende a la escasez de medios con que el escultor cuenta para dar asunto y animación a su obra, fácilmente se comprenderá que el artista se ha permitido una licencia muy excusable en el terreno de la estatuaria, pero nada más.
>
> En la pintura, donde la mayor parte de las veces se representa al lector y a su auditorio, ya ambas manos sostienen la obra leída.
>
> Si el empleo de una mano se considera necesario para mayor realce y expresión de la lectura, ¿por qué alguna vez no han de ser necesarias las dos manos? Y en este caso, henos ya completamente dentro de la *declamación,* porque no se concibe un lector que revuelve ambos brazos y manotea desesperadamente, sin apartar entre tanto la vista del papel.
>
> Más aún: si una mano ha de emplearse en sostener el libro o el periódico o lo que sea, la otra se ha de emplear de vez en cuando en volver la hoja; y como puede coincidir la vuelta de la hoja con una de esas frases que algunos ayudan con el ademán, cabe preguntarles *con qué mano* accionan en este caso[127].

---

que se debe ya un buen número de hermosas piezas fotográficas, en su mayoría retratos de lectores.

[126] Véase Juan Carrete, Fernando Checa Cremades y Valeriano Bozal, *El grabado en España (siglos XV-XVIII),* "Summa Artis XXXI", Madrid, Espasa-Calpe, 1987. De manera más particular, José Mª Díez Borque (comisario), *Verso e imagen. Del Barroco al Siglo de las Luces,* Madrid, Calcografía Nacional-Comunidad de Madrid, 1993. Para el gran precedente de la miniatura, véase Jesús Domínguez Bordona, y Juan Ainuaud para grabado y encuadernación, "Ars Hispaniae XVIII", Madrid, Plus-Ultra, 1962. En "Teoría del Libro ilustrado" (en Juan Carrete, ed., *Picasso y los libros,* Valencia, Fundación Bancaja, 2005, pp. 23-38), intenté establecer la lógica constitutiva del género, nunca abordada, y por consiguiente su efectiva entidad disposicional de cara a la lectura.

[127] J. Domínguez y F. Serrano de la Pedrosa, *La lectura como arte,* ob. cit., pp. 56-57.

En lo que se refiere a un posible criterio clasificatorio de piezas u obras plásticas relativas a lectura, indistintamente se trate de dibujo o grabado, pintura, fotografía y escultura o relieve, es de discriminar:

a) Obras que en su totalidad constituyen el objeto texto de lectura. Este tipo absoluto de pieza debe comenzar por la inclusión de grandes manuscritos artísticos, especialmente las miniaturas medievales, además de libros de horas y similares que contienen páginas completas de sólo texto, y por supuesto las producciones milenarias y actuales de obras de caligrafía china y asiática en general.

b) Obras que incluyen como un elemento compositivo textos en sus diferentes posibilidades. En primer lugar quizás deba considerarse el género de los Emblemas y subsiguientemente toda clase de ejecuciones insertas y con relevancia en el siglo XX las incluidas en cuadros cubistas, de manera centralizada o en primer plano o simplemente diseminada o puntual. La colección el *Bestiario* de Apollinaire o los muy diferentes poemas plásticos futuristas, así las *Parole in libertà* de Marinetti, responden igualmente a esta categoría.

c) Obras que representan el objeto de lectura como libro o soporte más allá del puro texto, de manera individual, pero también en serie. Esto se corresponde básicamente con la naturaleza muerta y la pintura de bodegón cuyo extremo probablemente se localiza en *El bibliotecario* de Arcimboldo.

d) Obras que representan a lectores provistos o en situación próxima al objeto de lectura. Esto se corresponde con los géneros del retrato y de la estatua. Así el difundidísimo *Dante y su poema* de Domenico di Michelino u otras versiones, o la prodigiosa *Anunciación* de Simone Martini o tantísimas otras, o el *Proyecto para un monumento a Virgilio* de Andrea Mantegna, que también constiuye una gran serie temática.

e) Obras que representan al lector en situación de leer, en acto de lectura, de manera individual, pero también en serie. Esto se corresponde, si bien no de manera absoluta como en el caso anterior sino parcial, con los géneros del retrato, la estatua y la posible, mucho más rara, representación de grupos. Así tantísimas obras, y que no forman series particulares como en la anterior categoría, desde el *Retrato de Carlos V* de Jean Bondol, en que el libro le es sostenido por un lacayo, hasta las conocidísimas mujeres lectoras de Renoir, Picasso o Hopper.

En lo que tiene que ver con la pintura, y ello desde luego mucho más allá del personaje bíblico femenino fundamental, la Virgen María, es preciso hacer notar que la representación de la mujer lectora constituye un poderosísimo subgénero dentro del retrato pictórico[128]. Los pintores han sentido y ejercido una gran preferencia a la hora de retratar lectores, inclinándose manifiestamente por la mujer, la lectora representada en las más diversas posibilidades posturales y de atuendo, de edad y focalización visual adoptada por el artista, aunque pudiera decirse que predomina la mujer sentada, vestida y profusamente localizada, tanto en escenarios exteriores más o menos ajardinados como en interiores cálidos, domésticos o no, pero raramente en salas de estudio o biblioteca privada.

[128] Se puede ver una excelente colección artística de retratos occidentales de mujeres leyendo en Stefan Bollmann, *Las mujeres que leen son peligrosas,* Madrid, Maeva, 2009. Hay otras selecciones semejantes disponibles en la red. El autor, en razón del éxito obtenido, ha repetido la operación con las mujeres que escriben. En términos generales contemporáneos y en España, puede verse Fernando Cerdán Pazos, "La lectura en la pintura y la escultura española del siglo XX", en *Delibros,* 156 (2002), pp.41-45. No me consta que exista compilación alguna de retratos literarios de mujeres en relación al libro o la lectura, ni tampoco de mujeres sencillamente, cosa rara dada la inflación feminista de las últimas décadas. Juan Eduardo Zúñiga se refirió breve y limitadamente a las "mujeres leídas, soñadas", en el marco de la literatura rusa: *El anillo de Pushkin. Lectura romántica de escritores y paisajes rusos,* Barcelona, Bruguera, 1983, pp. 43-50.

5. Teleología y taxonomía de la lectura

Se ha dicho con razón que la obra literaria no existe más que como lectura, que la historia literaria es inoperante al querer fijar la obra en un momento histórico, siendo las obras que se leen las que únicamente existen, y aquellas otras que permanecen como libro olvidado lo que representan no es sino la posibilidad, aun ínfima en el peor de los casos, de que una mirada produzca su resurrección[129]. Hablamos de lectores de obras literarias, o científicas, que son las importantes, y esos lectores tienen una historia que ha oscilado, en forma de horquilla, desde un predominio de la población analfabeta a un predominio de la población alfabetizada en la época contemporánea, pero alfabetizada deficientemente, a resultas de la abundancia del llamado analfabetismo funcional. Y puesto que hablamos de la lectura seria, que dijimos en un principio, la lectura literaria o de textos *altamente elaborados*[130], en ésta no se incluiría buena parte de la lectura meramente instrumental, como aquélla de fuerte restricción informativa o la que de ordinario se ejerce en la vida práctica y, a menudo, mediante el soporte de monitores electrónicos, aunque el soporte condiciona pero como es evidente no determina las clases de lectura respecto de la clase de textos. Estas clases de lectura más adelante quedarán, naturalmente, representadas en nuestra taxonomía fenomenológica, que se quiere descriptivamente comprehensiva y totalizadora. Pero la lectura de finalidad inmediata adviértase que, acaso paradójicamente, es aquella que está desprovista de interés para un concepto teleológico.

Es de observar que el lector, por lo común, lo es permanentemente, desde el momento en que fue activo en ese ejercicio, por medio de una suerte de aprovechamiento e incluso adicción intelectual y emocional que, en su caso menos elevado, responde a la evasión

[129] Cf. A. Nisin, *La literatura y el lector*, Buenos Aires, Nova, 1962, pp. 18-19.

[130] Sobre la noción de textos o discursos "altamente elaborados" hago reposar el concepto de "literatura". Así lo he expuesto en diferentes lugares. Puede verse sobre todo mi *Teoría del Ensayo*, Madrid, Verbum, 1992,

ficcional que sustrae por completo la atención y la actitud consciente dejando suelto el curso de las facultades, abandonando la psique y produciendo descanso en el entendimiento; mientras que en su caso más profundo y atento, eleva la comprensión y la imaginación intelectual hasta lugares en que se sabe verdaderamente privilegiada. La lectura no es una tecnología desde el momento en que la práctica del individuo no sólo la posee integrada con naturalidad en su comportamiento sino que además define su entidad psíquica, su integridad personal y su visión del mundo. Y el abandono o la merma de esa práctica, la lectura seria, que permanece secular en un sector significativo de las sociedades produciría sin duda una caída de las capacidades de intuición, comprensión y reconciliación con el mundo sin posible analogía o regreso a un régimen propio de las culturas orales que es por completo ajeno al nuestro conocido por históricamente fundado y cuyo destino conocido no es rectificable.

El hecho es que la lectura se ha tornado un problema contemporáneo bastante complicado. Se ha vuelto a hablar de la urgente necesidad escolar, social, cultural de saber formar lectores, sobre todo de obras literarias[131]. Esto es, volver a encontrar la finalidad. Dicha urgencia sólo ha ido radicalmente en aumento al paso de las últimas décadas del siglo XX y las primeras del XXI. Esto, por supuesto, es al fin un sencillo criterio de valor, el criterio tradicional educativo de la pertinencia de "leer a los clásicos" o "leer las grandes obras". Pero este criterio de pertinencia ha sido en gran medida desterrado ya de las instituciones educativas. En los centros académicos de nuestro tiempo, por raro que pueda parecer, ya resulta difícil la propuesta de "leer a los clásicos", o sencillamente resulta casi inviable pues apenas existen alumnos/lectores capaces de realizarla[132]. Así pues, en

[131] Cf. Por ejemplo V. Aguiar e Silva, "As relaçoes entre a Teoria da literatura e a Didáctica da Literatura: filtros, máscaras e torniquetes", en *Diacritica,* 13-14 (1998-1999), p. 91.

[132] Quede constancia de que me estoy refiriendo a una realidad constatable en facultades universitarias de Filosofía y Letras, es decir en los centros menos propensos al desarrollo de ese fenómeno. En lo que se refiere al texto reflexivo, de pensamiento, el fenómeno es de dimensión verdaderamente alarmante, pues da razón del estado medio no ya intelectual sino psíquico de buena parte de nuestros jóvenes.

una cierta medida al menos, ese criterio ya ha comenzado a dejar de serlo o a dejar de ser correlato de una realidad efectiva y, en consecuencia, también podrá dejar de tener claro sentido en el futuro, respecto de nuestro presente, la idea de "una historia del alma europea [que] podría rastrearse en el modo como Occidente se ha pensado en relación a sus textos"[133].

Existen dos enunciados tradicionales, el de "invitación a la lectura" y el de "lecturas obligatorias", que definen de distinto modo, según el cortés ofrecimiento y según el imperativo del deber o la exigencia pedagógica, la petición de lectura y su exigencia de finalidad. Camila Henríquez Ureña condujo el primero a la actuación del segundo, utilizando además el subtítulo de "notas sobre apreciación literaria"[134]. Camila, que siguiendo a Baldensperger toma en cuenta las diversas predisposiciones de los lectores "a desviar el sentido de una obra" usualmente en virtud de "una condición social del momento" como "parte de un fenómeno colectivo" por lo común pasajero y desdeñado por la posteridad, discrimina dos conceptos relevantes en el lector, la "actitud ante el libro" y la "libertad de apreciación", según vendría a entender Virginia Woolf (*The Common Reader*[135]) a partir del doctor Johnson. A juicio de Camila, los obstáculos básicos que aquejan al lector inexperto ante la lectura dependen de su propia personalidad y suelen consistir en problemas de "ignorancia": la "confusión del goce estético con la diversión", la pretensión de "querer leer cosas fáciles, sencillas, en lugar de literatura que sea comple-

---

[133] Cf. J. Larrosa, *La experiencia de la lectura,* Barcelona, Laertes, 1998, 2ª ed., p. 62. Larrosa viene a entender con acierto que la educación lectora consiste en una suerte de domesticación de los libres impulsos provocados por la literatura.

[134] Debo a Luis Rafael Hernández la llamada de atención, entre otras cosas, sobre el libro cubano de Camila Henríquez Ureña, hermana de Pedro, el conocido humanista fundador de la moderna historiografía literaria hispanoamericana. Véase C. Henríquez Ureña, *Invitación a la lectura (notas sobre apreciación literaria)*, La Habana, Editorial Pueblo y Educación, 1975, 3ª ed., pp. 19 ss. para lo que sigue.

[135] Cf. V. Woolf, *El lector común,* Barcelona, Lumen, 2009, pero nótese que los términos que dan título a la obra no responden más que a un brevísimo artículo con el que da comienzo y, por tanto, es prácticamente ajena a cualquier consideración propiamente teórica.

ja y exija madurez intelectual", la "falta de imaginación" consistente en la búsqueda de la misma clase de emociones y experiencias así como, por último, la "creencia errónea", convencional y apriorística, de "pensar que comprender es estar de acuerdo necesariamente". Dice Camila Henríquez Ureña que el proceso de lectura, de lectura literaria, consta de dos partes: "recibir las impresiones de la lectura hasta el límite de nuestra capacidad de receptividad y comprensión" y "comparar y formarnos un juicio sobre las múltiples impresiones recibidas" pudiendo "llegar a una conclusión". Por lo demás, define al "buen lector" como aquel que "aspira a comprender".

Entre los asuntos generales que atañen a la lectura como proceso, es de tener en cuenta el reciente debate fructífero acerca del componente ético de la literatura, que es concepción tradicional dentro de la cultura anglosajona, y la asunción del texto por parte del lector. Se trata de una discusión que ha tenido lugar en las obras de Stanley Cavell y Martha Nussbaum[136]. El primero de ellos ha argumentado, al hilo de sus estudios sobre Shakespeare, el Romanticismo angloamericano y el pensamiento de Wittgenstein, que la respuesta ante la lectura es siempre íntima y personal, no transferible en cuanto que el sujeto tiene siempre una visión parcial del mundo. El texto se incorporaría al horizonte de expectativas del lector adaptándose a su particular cosmovisión. De ahí que Cavell considere la literatura, y por extensión el arte, como una forma de escepticismo, esto es como un modo de conocimiento que ahonda en la diferencia radical entre los sujetos. Por su parte, Martha Nussbaum, que adopta un punto

---

[136] Para S. Cavell debe consultarse sobre todo *Must We Mean What We Say*, Nueva York, Scribner's, 1969; *Reivindicaciones de la razón*, Madrid, Síntesis, 2003, y *En busca de lo ordinario*, Madrid, Cátedra, 2002. De M. Nussbaum, cuya obra es pionera en el estudio de la relación entre Derecho y Literatura, véase *Love's Knowledge,* Nueva York, Oxford U. P., 1990; *Justicia poética*, Santiago de Chile, Andrés Bello, 1997, y *Cultivo de la humanidad*, Santiago de Chile, Andrés Bello, 2001. Sobre estos asuntos puede verse el reciente y eficiente estudio comparado de ambos autores que realiza Ricardo Miguel Alfonso, "Estudios literarios y compromiso ético: dos perspectivas modernas", en el vol. *Teoría literaria y enseñanza de la literatura*, Barcelona, Ariel, 2004, pp. 63-87.

de vista de ángulo opuesto, entiende a propósito de sus lecturas de la tragedia griega y la novela moderna, que la lectura, si bien tiene un indudable cariz personal, se proyecta más allá del individuo. Nussbaum, si bien no especifica ejemplos concretos, explica que las obras literarias contienen determinadas ideas generales que todo lector comparte, independientemente de su raza, sexo o clase social. La destrucción a la que conduce la sed de venganza de Hamlet, o la injusticia sufrida por Billy Budd, resultan incuestionables, trascienden el tiempo y el lugar, y por lo tanto se erigen en universales de la condición humana a los que la literatura sirve como medio vivo de transmisión. Quiere ello decir que la lectura es un medio de debate democrático sobre las ideas generales que rigen la vida en sociedad.

Ha subrayado Amalia Amaya la importancia de la lectura literaria de ficción no sólo, como piensa Nussbaum, en la formación del juicio moral y, como piensa Zagzebski, en la formación de creencias epistémicamente valiosas, sino para el conjunto de la formación jurídica en su más amplio sentido, pues "la literatura contribuye a identificar y desarrollar el conjunto de virtudes tanto morales (la empatía, la valentía, la generosidad, etc.) como epistémicas o intelectuales (la apertura de mente, la sabiduría práctica, la autonomía intelectual, etc.) que son necesarias para razonar correctamente en el contexto de la toma de decisiones judiciales. Por ello, la lectura de obras literarias, lejos de ser irrelevante para una buena formación jurídica, constituye una herramienta fundamental para la formación de juristas y, en concreto, de jueces que tengan las capacidades necesarias a fin de realizar adecuadamente su función y, por tanto, es de afirmar, resulta esencial para una buena administración de justicia"[137].

A mi juicio es preciso concebir una amplia "teleología de la lectura", naturalmente al margen del finalismo dual didáctico/hedonista proporcionado por la tradición clasicista en términos poetológicos. Pero vayamos por partes. En su sentido de ejercicio más autónomo se puede entender que la lectura es un curso o transcurso, es decir

---

[137] Cf. Amalia Amaya, "Derecho y literatura", en P. Aullón de Haro (ed.), *Metodologías comparatistas y Literatura comparada,* Madrid, Dykinson, 2012.

un viaje, no sólo un viaje empírico de notables consecuencias, como vimos, sino un trasladarse mentalmente de un lugar a otro, un viaje imaginario, intelectual (e incluso el propio viaje literariamente representado en los libros del género, o un viaje del espíritu o del alma, su reconstrucción escrita en este último caso por los maestros de la tradición contemplativa[138]). Y así, la lectura es consiguientemente a su vez una aventura, es decir un transcurso de placer y riesgo y mediante el cual se puede promover el azar o la finalidad indeterminada. Pero en principio, la lectura es figuradamente el viaje que tiene por fin, y su fruto siempre será, y en esto coincide en buena parte con la aventura, el encuentro de lo nuevo, la novedad de los mundos imaginarios o no representados, de las acciones humanas y lo inesperado, del concepto intenso y la reflexión reveladora, o del argumento o el acontecimiento contra el que rebelarse. La lectura necesariamente ha de procurar novedad, tomar por horizonte lo inédito, excepto en el caso, retroactivo, de la relectura; una novedad, hasta cierto punto, al modo del exotismo que decía Goethe, resultado de la traducción de una obra literaria a nuestra propia lengua sin adaptaciones homogeneizadoras de llegada. Y puesto que la novedad ha de ser constantemente reemplazada o reiterada, define un proceso teleológico inagotable.

A partir de ahí es preciso conjeturar teleológicamente que si el lector constituye una suerte de absoluto respecto de sus lecturas, la gestión, selección o control de las mismas, el lector es asimismo un concepto asentado de algún modo en el autor e incluso puede que responda a una elección o una llamada de éste. Aquí es difícil delimitar entre los vericuetos posibles de una actuación práctica y eficiente del finalismo del autor y la casi insondable especulativa del mismo respecto de los posibles mecanismos de su relación con el lector. Lo

[138] He desarrollado este planteamiento en "Théorie du voyage: de la philosophie pratique à la philosophie éternelle", en S. Habchi (coord.), *Plus Oultre,* París, L'Harmattan, 2007, que ahora puede leerse como tercer capítulo de *La continuidad del mundo y del arte,* Madrid, Dykinson, 2011.

cual no obsta para que una conciencia adecuada acerca de la lectura haya de tener siempre bien presente en este sentido la compleja realidad de los aspectos que conducen a las fórmulas posibles de aquello que denominamos teleología de la lectura. No desarrollaré más la posibilidad especulativa de este argumento.

Domínguez Rey ha insistido, como Iser, en la asimetría autor/lector, pero retrotrayéndose a san Agustín y ofreciendo una perspectiva mucho más amplia aunque menos técnica. "San Agustín consideraba una asimetría o distancia intelectual entre emisor y receptor, pues no todos entendemos lo mismo y del mismo modo al oír o leer los textos [Además] el simbolismo subtiende una voz implícita en la palabra o texto y un lector ya traslapado en la obra, pero un lector anónimo que recibe una voz más antigua que la del autor, pues viene del lenguaje que éste lee al escribir o hablar"[139]. Ahora bien, existe un lugar de encuentro entre autor y lector, complejos lugares de encuentro en primer grado más allá de los factores y circunstancias inherentes a los casos de comunicación, lugares que si pertenecen o puede pertenecer a la intimidad autónoma de uno u otro, también puede que respondan a todas las posibilidades imaginables de relación o complejidades de comunicación entre ambos. Se ha podido decir lo siguiente desde una perspectiva literaria romantizante al tiempo que realista:

> Toda obra literaria es un mensaje en clave que el autor se escribe a sí mismo o envía a alguno de sus antepasados, a una persona amada o a quien detesta o a un ser imaginario al que quisiera conocer un día. Mensaje extraño la literatura, que aparenta ir destinada al público variado y desconocido pero en verdad va a la atención de alguien que obsesionó al autor durante largos años. Mensaje privado, inteligible únicamente para quien sepa el código de su interpretación; y el escritor queda satisfecho con que uno sólo entienda. La gran construcción que requirió años y exigió esfuerzos obstinados y un cierto sufrir no expresado en llanto pero que es sustancial con la lenta creación, todo fue para que una persona o unas cuantas, captasen el talento que luego admirarán los siglos. Mensaje cuyo poder dura decenios y se conserva eficaz y hasta

[139] Cf. Antonio Domínguez Rey, "El fundamento hermenéutico de la lectura", en nuestra ed. *Teoría de la lectura*, cit., p. 166.

> puede trastornar o dar alientos a un lector del país más lejano y más distinto de aquel donde nació el mensaje[140].

La lectura, y consiguientemente de uno u otro modo el lector, es susceptible de taxonomía. Evidentemente, la lectura, o sus modalidades, puede ser considerada desde muy diversos criterios. Cada tipo de lector produce, puede producir un ejemplo de lectura, si bien no todo ejemplo o distinción de lectura determinable haya de ser elevado a la categoría de tipo o clase de lectura, pero todo tipo o clase de lectura es en alguna medida asociable a alguna especie de lector, tipificado o quizás tipificable... Al tratar más adelante de la "metalectura", se hará identificación a ese propósito de un pequeño catálogo de tipos de lector, pero transcribiremos ahora, como disposición previa, la distinción realizada por el estético y psicólogo Ernest Meumann:

"1. El lector rápido y el lento. El primero lee lo mismo el material con el sentido que sin él, generalmente mucho más deprisa que el lento, y comprende también más rápidamente el sentido de lo leído. 2. El Lector fluido y el adherente. Aun entre adultos cultos y ejercitados se hallan lectores extraordinariamente adherentes, que nunca aprenden a leer con fluidez y sin constantes tropiezos. 3. Los que se equivocan de un modo típico al leer y los que leen con objetiva fidelidad. 4. El lector fijo y el fluctuante. El primero lee con fijación óptica exacta de cada una de las palabras, casi sin adivinar y sin asimilar con el texto las representaciones esperadas, por tanto, con gran fidelidad objetiva. Al contrario, el fluctuante pasa apresuradamente y de ligero sobre enteros grupos de palabras, abarca mucho de una mirada, pero con poca exactitud y muchas añadiduras subjetivas"[141].

Por su parte, Alfonso Reyes discriminó *categorías de la lectura* "según que en la representación psicológica del lenguaje domine el orden articulatorio o el visual; según la penetración que la cultura haya alcanzado en los estratos del alma; según los hábitos adqui-

---

[140] Juan Eduardo Zúñiga, *El anillo de Pushkin. Lectura romántica de escritores y paisajes rusos,* ob. cit., p. 53.

[141] E. Meumann, *Psicología experimental,* Barcelona, 1924, p. 237. *Apud* Rufino Blanco, *El Arte de la Lectura,* 11ª ed., ed. cit., pp. 251-252.

ridos de leer para sí o para los demás, de leer por sí o de escuchar la lectura; según la mayor o menor presteza con que los oídos o los ojos comunican el mensaje al espíritu; según que la bella escritura, la bella edición o la bella voz nos impresionen más o menos por sí mismas, distrayéndonos más o menos del sentido de las palabras; según que seamos impacientes o dóciles, ante la momentánea abdicación de nuestras reacciones personales que significa este uncirse al pensamiento ajeno, etcétera"[142].

Propondremos una clasificación o taxonomía de la lectura de concepción incluyente y totalizadora pero equilibrada, a modo de tipología atenta a las diversas muestras y categorizaciones disponibles de valor general y estable a fin de obtener el trazado de una gama de distinciones fundamentales suficientemente matizada y precisa. Para ello será necesario adelantar aún algunos aspectos.

El lector, ha sido dicho, se sitúa frente a las palabras. La unidad, a efectos generales, es la palabra, y subsiguientemente el texto. Éstas revisten un valor diferente según se trate de las palabras de la poesía, que retienen por sí y hacen mirar hacia ellas y hacia el más allá de las mismas; o se trate de las del discurrir de la narrativa, que son más bien un medio y remiten a personajes y acontecimientos los cuales suscitan las emociones[143]. Críticos y comentaristas muy diferentes se han referido a *niveles de lectura* o especificaciones de significado similar. Desde Schopenhauer, que recomendaba hacer dos lecturas de las grandes obras, hasta una jerarquización de progresión técnica como la muy conocida de Adler y Van Doren. Asimismo, el lector, se dice, ha de situarse en una posición de adiestramiento o perfeccionamiento y ocuparse, en consecuencia, de practicar la adopción de un campo de enfoque riguroso y abarcador, de mantener un movimiento de ojos uniforme, efectuar barridas de retorno eficientes en sus regresiones en la página, y otras prácticas[144] más o menos necesarias o

---

[142] A. Reyes, "Categorías de la lectura", en *Obras Completas*, XIV, ob. cit., p. 157.

[143] Cf. A. Nisin, ob. cit., pp. 65 ss.

[144] Véase D. Fink, J. Tate, M. Rose, *Técnicas de lectura rápida*, Bilbao, Ediciones Deusto, 2002.

útiles aunque escasamente rentables en lo que se refiere a la caracterización que ahora nos compete. Pero en realidad, aun sin negar nada de lo anterior ni en lo tocante a un acceso semántico ni en lo tocante a destrezas de repercusión poco más que restringidamente empíricas, el texto es quien exige una determinada lectura, bien de grado de interpretación reducido, bien de grado de interpretación elevado, cosa ésta última que objetivamente acontece, como es obvio, en dependencia de la intensidad simbólica o bien conceptual que cada texto presenta. El texto puede proponerse como significación inmediata y directa o como simbolización y, en consecuencia, permanecer en el ámbito de la lectura inagotable, de la interpretación simbólica y la ambigüedad[145]. Dicho junguianamente, respecto del caso preferente del texto artístico, cuando se trata de la esfera no ya de lo psicológico sino de lo visionario que supera el alcance normal de la conciencia[146]; dicho a nuestro modo respecto del texto reflexivo o ensayístico, cuando se trata de la esfera no ya de la intelección común sino de la intelección muy altamente elaborada o de la contemplación.

Según Rufino Blanco, la lectura, que es arte de "enunciación" junto a la Recitación y la Declamación, se diferencia de éstas en que exige la interpretación de los signos escritos y puede prescindir de la enunciación oral. Por su parte, a la Oratoria compete tanto la composición como la enunciación expositiva del pensamiento. Siguiendo la definición de Blanco, la Lectura "es *facultad del hombre*; la Lectura *crea formas*, porque transforma la expresión escrita en expresión oral, y transforma, asimismo, como otras artes, los sonidos naturales de nuestro aparato fonético en signos orales, o, lo que es lo mismo, en palabras; la Lectura *produce transformaciones verdaderas con reflexión*; luego la Lectura es un arte". También según Blanco, el "acto de leer" es clasificable de manera diversa dependiendo de las "circunstancias en que se realiza"; a su juicio "el acto completo de la

---

[145] Véase Hegel, *Estética,* ed. de A. Llanos, Buenos Aires, Siglo Veinte, 1984, vol. III, p. 32.

[146] Cf. C. G. Jung, "Psicología y poesía", en *Formaciones de lo inconsciente*, Buenos Aires, Paidós, 1976, pp. 9-24.

lectura" es el que corresponde a la lectura oral o en voz alta, por residir en ésta la posibilidad de un "acto mucho más artístico", ser más "perfecto" que la lectura silenciosa y, a su vez, más "útil", puesto que la lectura en voz alta presupone doble percepción, la visual que procura el signo escrito y la auditiva. De ahí su mayor capacidad de penetración, si bien requiere más tiempo y es menos provechosa para personas que con facilidad se desconcentran[147].

Ha sido también subrayado que el acto de lectura es el gran acto creador y de transformación; que, si desapareciese, el ser humano perdería el estímulo básico de su capacidad creadora. Eliseo Diego ha recordado que Duhamel en torno a 1939 publicó *En defensa de las letras*, a propósito de las restricciones que representaban la radio y el cine respecto de la lectura, pues "la letra escrita es el único instrumento capaz de estimular las capacidades creadoras presentes en todo ser humano. Nos fuerza a transformar el símbolo escrito en imagen, nada menos. Transmuta el acto de leer en un acto de creación a dos: el que escribe y el que lee. Tan creador es el uno como el otro". Y esta sencilla formulación tiene consecuencias diversas: "En primer término, la lectura deja de ser un simple entretenimiento —¡que no deje, en el fondo, de serlo jamás!— para revelarse como la satisfacción de una necesidad humana fundamental. Si llegáramos a ser incapaces de transformar el símbolo escrito en imagen, perderíamos la capacidad de crear. Cultura y civilización se extinguirían –o se transformarían en otras cosas, aquellas que sólo las máquinas son capaces de concebir, en cosas, por tanto, in-humanas"[148].

Según Hipólito Escolar hay un denominador común a todas las lecturas que por tanto debiera servir para definirlas, "el de ser educativas, pues amplían los conocimientos, crean motivaciones y actitudes, conforman el yo individual e influyen y determinan el comportamiento social". Naturalmente, el mismo autor reconoce que el

---

[147] Cf. R. Blanco, *El Arte de la Lectura,* ed. cit., pp. 12 y 261.

[148] Cf. Eliseo Diego, "La inocente delicia de leer", *Ensayos*, selección y prólogo de Enrique Sáinz, La Habana, Ediciones Unión, 2006, pp. 277-280.

problema está en qué se entienda por "educativo". A su juicio cabe clasificar las lecturas en tres grupos: informativas, formativas y recreativas[149].

Es de entender por otra parte el acto de lectura como "unidad de lectura", en el sentido tantas veces reiterado de que no hay dos lecturas iguales de un mismo texto, puesto que el tiempo no se repite y no existen momentos idénticos ni siquiera en un mismo sujeto. Según afirmaré después, *el tiempo produce significado*. Visto así, la lectura es una actividad radical e irrepetible en tanto que verdaderamente acto humano existente y sujeto al decurso del tiempo y la vida cognoscitiva en amplio sentido. Procederé en lo que sigue a su efectiva taxonomización, la cual hará patente una *fenomenología de la experiencia estética.*

A) La "lectura literaria, científica y de pensamiento" puede ser designada conjuntamente como "lectura seria", por oposición a la "simple lectura" no específica o meramente "lectura utilitaria". Pero la "lectura literaria" también puede desempeñar una función polarizada al tiempo que ambivalente respecto de la "lectura de entretenimiento", por cuanto ésta puede tener por objeto textos literarios de ficción, habitualmente los narrativos, es decir textos artísticos, novelas o cuentos y obras dramáticas de calidad y no adscribibles a la categoría de subliteratura u otras afines (infraliteratura, paraliteratura). La "lectura de entretenimiento" (comúnmente regida por la intriga de la fábula y la consiguiente capacidad de sustraer con la mayor penetración la atención del lector hasta el punto de enajenarlo de su realidad presente) podrá ser por tanto de dos tipos, "seria" y "de pasatiempo" o "de evasión". Ésta última es evidentemente relacionable con la "lectura jocosa o de diversión", al tiempo que por otra parte con la "lectura infantil", la cual puede ser perfectamente seria, aunque no de habitual la dedicada a los géneros del cómic, la historieta o el tebeo y similares. En la lectura, como en todo, no

[149] Cf. Hipólito Escolar Sobrino, *El lector. La lectura. La comunicación,* Madrid, Asociación Nacional de Bibliotecarios, Archiveros y Arqueólogos, 1972, pp. 49 ss.

cabe el igualitarismo de los objetos. Tenía razón quien afirmaba que la lectura, la lectura seria por mejor decir, es realidad profunda del yo, vida intensificada, y no sustitución de la vida, a diferencia de lo que puedan pensar quienes leen poco[150]. En la consideración de éstos suele actuar un juego burdo de identificaciones entre literatura y ficción y entre ficción y mera evasión como resultado. Según ha quedado propuesto, a las discriminaciones sobre "lectura seria" compete discernir una "lectura utilitaria", de la cual por otra parte conviene desgajar la llamada "lectura informativa", especialmente relativa a la prensa periódica, de revistas y de textos de divulgación. Pero en realidad el concepto más pertinente, aun por supuesto no coincidiendo de grueso con la exclusión en él de la "lectura seria", acaso sea el formulado por el novelista André Maurois de lectura placentera o "lectura-placer", que después veremos como parte de una pequeña teoría completa. Evidentemente, la "lectura científica" se asocia por lo común a "lectura de trabajo".

Camila Henríquez Ureña, a partir de Virginia Woolf, categorizó bajo el término "lectura común" la lectura literaria seria, a la que debe aspirar toda persona[151]. La "lectura seria" en general, al igual que sus especializaciones, está sujeta a unos factores o acciones pragmáticas que a mi juicio cabe resumir mediante tres conceptos: valor, empatía y comprensión, los cuales giran en la relación sujeto-lector y objeto-texto. Esto quiere decir no sólo que el lector recibe una noción o un legado de *valor,* sino que también lo ejerce (o puede hacerlo, o actuar en dejación o abandono); no sólo que el lector empatiza o intuitivamente establece alguna conexión con las obras sino que éstas a su vez, indirectamente, seleccionan al lector; y esto tampoco quiere decir que exista un patrón para la comprensión, aunque sí —como vimos— una técnica hermenéutica, y no aspectos diversos

---

[150] Cf. M. Catalán, "El arte de leer", en *Caracteres literarios*, 5 (2001), pp. 61 y 47.

[151] Cf. C. Henríquez Ureña, *Invitación a la lectura (notas sobre apreciación literaria)*, ob. cit.

que pueden ser primados y están sujetos a un saber y a una historicidad que se complejiza notablemente en razón del origen pretérito de los textos y el estatuto o la pretensión apriorística del lector, tenga este sentido especializado, o simple tendencia, de carácter psicológico, filológico, ideológico, científico, lúdico, etc. Aquí, desde luego, no se trata de un fenómeno lineal histórico que se mide por la antigüedad de los textos y la titulación académica de los lectores, pero en ocasiones se ha hablado de dos lecturas, o de tres, tomando éstas como grados de perfeccionamiento técnico, discriminatorio o crítico. En cualquier caso, a mi modo de ver, la diferencia importante es la que cabe trazar entre la lectura seria y la lectura que ejerce la crítica literaria, diferencia consistente en que la primera no se vale de medios metodológicos y sí del libre juicio estético. Al tratar de la "lectura crítica" se replanteará este problema. Ahora bien, no me cansaré de intentar explicar que el significado, y lo importante del texto es el significado, su comprensión, y aun la forma verbal, textual, interna o externa como significado, es tiempo y el tiempo produce asimismo significado[152].

Como es evidente, no procede distinguir en una taxonomía por completo general clases de lectura como clases de textos, al igual que de lectores, pero se deberá tomar en cuenta que las tres grandes clases de textos sí es de considerar que determinan y categorizan tres clases de lectura o, por mejor decir, tres subclases dentro de la lectura seria: "lectura de textos artísticos", "lectura de textos ensayísticos" y "lectura de textos científicos". Ello en el sobrentendido de que no cabe olvidar la existencia de los grados intermedios. Las dos primeras remiten a la Literatura, a la expresión altamente elaborada de lengua natural. La relativa a textos literarios artísticos ha desempeñado una ejecución importantísima y especializada en tanto que lectura artística sobre texto artístico, la situada por el género retórico del Arte de

[152] Así lo expuse en "Epistemología de la ciencia literaria", en mi ed. *Teoría de la Crítica literaria*, Madrid, Trotta, 1994, p. 23.

la Lectura, que se efectúa en voz alta, y por ello la incorporaremos a esta última categorización de voz. Tales delimitaciones, que lo son de naturaleza y totalizadoras respecto del objeto altamente elaborado, no excluyen otras fundamentales, como las empíricas, pudiéndose afirmar que hay relevantemente posibilidades de lectura en razón, no ya del soporte, que sólo en cierto modo antropológico y de la historia de la cultura no es trivial, sino, según vimos, de la extensión del texto y, por consiguiente, de su duración como tiempo de lectura y del enraizamiento vital, pragmático, etc., que todo ello entretejidamente promueve. El otro tipo restante de lectura ya sería el referente al texto ordinario, práctico y meramente utilitario, la que podemos señalar como "lectura usual", "corriente" o "simple lectura".

B) Es preciso categorizar la "lectura difícil", por completo al margen de las llamadas pedagógica y psicológicamente dificultades de lectura. Existe otro tipo de dificultad que consiste en ese otro tipo determinado por la realidad material del objeto, así relevantemente el ejemplo del trabajo reconstructivo aplicado por la papirología y tantos otros exigidos por el devenir histórico y los avatares de la cultura. Hubo un tiempo en que la dificultad histórica de la lectura estuvo representada por la lengua egipcia, hasta el desciframiento por Champollion de las tres escrituras de la Piedra de Roseta. Artísticamente, la "lectura difícil" corresponde al Barroco, eminentemente a *Polifemo,* a los poemas extensos de Góngora y, en menor medida, Marino, y en la época contemporánea al neobarroco José Lezama Lima. Pero la "lectura difícil" además y especialmente ha de identificarse con la "lectura filosófica", "teórica" u otras especiales o especializadas o de alta cultura. Entre las especiales es de determinar en primer término y sobre todo aquella dirigida a los textos sagrados y a la Biblia en particular. La lectura filosófica "difícil" puede afirmarse que tiene varios lugares canónicos pero por antonomasia es la hegeliana, de algunos de cuyos textos Adorno pudo afirmar que no existía solución hermenéutica, que no se sabía de qué se estaba hablando. En el tercer trabajo incluido en *Tres estudios sobre Hegel*, "Skoteinos o cómo habría de leerse", afirma Adorno que "el arte de leerle tendría que señalar cuándo introduce algo nuevo y con contenido y cuándo sigue andando una máquina que no quiere serlo y no debería seguir haciéndolo"[153]. Ya antes, Bloch, en su gran libro hegeliano que vio la luz por primera vez en español, *Sujeto-Objeto. El pensamiento de Hegel,* se planteaba el problema como punto de partida[154].

En lo que se refiere al texto bíblico, se decía que Dios lo sembró de dificultades para incitar al estudio y para cultivo de la humildad. Habría un contraste entre la oscuridad de la Biblia y la luz de lo alto. Ha existido controversia acerca de si verdaderamente la Iglesia promueve que los fieles lean la Biblia, y una piadosa lectura vigilante; el Concilio Vaticano II exhortaba al conocimiento de Cristo mediante la lectura bíblica, la lectura asidua y diligente. También se ha afirmado que la Biblia debe ser leída con el mismo espíritu, con el corazón del bien, con que fue hecha. "Desde S. Pedro, que reconocía en las epístolas de S. Pablo puntos de difícil inteligencia (2 Petr. 3,16), los

---

[153] Cf. Theodor W. Adorno, *Tres estudios sobre Hegel,* trad. Víctor Sánchez de Zavala, Madrid, Taurus, 1981, 3ª ed., p. 125.

[154] "Lo suave o lo habitual no suele dejar ninguna huella de su paso por el mundo. No cabe ninguna duda que Hegel es difícil de entender, uno de los más incómodos entre los grandes pensadores. Muchas de sus frases o proposiciones son como vasos llenos de una bebida fuerte e hirviendo, y, además, sin asa por donde agarrarlos./Son también frecuentes en él las infracciones contra la gramática civil, y no es solamente el purista de la lengua el que, leyéndolo, se lleva las manos a la cabeza. Sin embargo, ese reproche tan usual, de que los filósofos alemanes, exceptuando a Schopenhauer y Nietzsche, no saben escribir, es absurdo aplicado a Kant, y aún lo es más referido a Hegel. [.../] El lenguaje de Kant es de una precisión verdaderamente embriagadora. El lector se da inmediatamente cuenta de su valor cuando se encuentra con él, no en la filosofía precisamente, sino en la poesía, por ejemplo en Kleist, cuya prosa está forjada en el taller kantiano./El lenguaje de Hegel, allí donde el lector consigue dominar su obstinada terminología, deja percibir constantemente la música del alemán de Lutero, asociada con la más brusca plasticidad. [.../] Si el lector, aun esforzándose, no ve claro en cada frase, debe consolarse pensando que también hay piedras preciosas que no son transparentes". Cf. Ernst Bloch (1949,1962), *Sujeto-Objeto. El pensamiento de Hegel,* Madrid, FCE, 1982.

Padres de la Iglesia, en especial S. Jerónimo y S. Agustín, han insistido en la dificultad de la Biblia, haciendo hincapié en la necesidad de un maestro…"[155].

C) Nótese cómo Edith Wharton, que entendía la lectura como el mayor de los vicios tenido por virtud, distinguió entre "lector nato" e intuitivo, aquel que lee como respira y cuya lectura forma una corriente oculta y continua para todas sus ocupaciones, y "lector mecánico", aquel que toma por deber la lectura de todo libro del que se habla. Este último ejerce una "lectura volitiva" y sería funesto para la vida de las letras[156]. La tradición distinguía "lectura racional" y "lectura mecánica", pero en el sobrentendido de que la plena o verdaderamente lectura es la primera. En sentido más técnico, aunque correlativo, es la discriminación de Roman Ingarden, quien llega a concebir al lector como "co-creador", acerca de "lectura pasiva" y "lectura activa", siendo la primera más mecánica y ésta última aquélla en que propiamente se cumplen los actos significativos[157]. Por su parte, el novelista André Maurois propuso una sencilla y efectiva tipología triádica más amplia y general que sí puede abarcar el completo arco de la lectura: *lectura-vicio, lectura-placer* y *lectura-trabajo*. Explicó además sus cinco "reglas"[158]. La "lectura-vicio", que es —siempre según Maurois— adictiva, pasiva, indiscriminada, ajena a la interpretación y ni es asimilada ni se integra en el espíritu, es aquella que procura la evasión del mundo real para introducir al lector en el mundo imaginario. La "lectura-placer", que es sana y más activa que la anterior, corresponde a la búsqueda de lo bello y placentero,

---

155 Cf. Francisco Álvarez Seisdedos, *La Biblia y su lectura,* Sevilla, Instituto de Pastoral, 1969, p. 67.

156 Véase E. Wharton (1903), *El vicio de la lectura,* México, Verdehalago, 2008, 2ª ed.

157 Cf. R. Ingarden (1968), *La comprehensión de la obra de arte literaria,* México, Universidad Iberoamericana, 2005, pp. 56-60.

158 Cf. A. Maurois, "El arte de leer", en *El arte de vivir,* O.C., V, Barcelona, Plaza-Janés, 1957, pp. 421-424; y "Categorías de la lectura", O.C., XIV, Barcelona, Plaza-Janés, 1962, pp. 157-162.

la exaltación de los sentimientos y de las aventuras no vividas, la comprobación de los tormentos humanos en la historia. La “lectura trabajo”, que es la de la búsqueda de conocimientos concretos, de la adquisición de elementos destinados a concluir una construcción sólo trazada en grandes líneas, debe de hacerse, a no ser que se posea una extraordinaria capacidad memorística, lápiz en mano.

En lo que se refiere a las reglas, Maurois distingue: primera, que es preferible el perfecto conocimiento de unos pocos temas y autores que no el superficial de un gran número de ellos. Segunda, que confiando en la selección efectuada por los siglos, se conceda gran espacio a los grandes textos, aunque es sin duda natural el interés por los autores actuales. Tercera, saber elegir bien el alimento adecuado a cada espíritu, siendo fiel a lo que cada cual puede enjuiciar que le conviene. Cuarta, disponer siempre que sea posible el medio adecuado con bella ceremonia, recogimiento, sin interrupciones externas; reservar veladas o ciertas tardes de invierno a ciertos escritores muy queridos; estar reconocido a los viajes en ferrocarril… Quinta, y última, es aquella que nos impele a ser dignos de los grandes libros, “puesto que en la lectura, en algunas posadas españolas y en el amor no encontraremos más que lo que nosotros mismos llevamos […] El arte de leer es, en gran parte, el arte de hallar la vida en los libros y comprenderla mejor gracias a ellos”[159].

Si toda determinación acerca de la lectura lo es en principio también del lector, en las reflexiones de André Maurois esto acontece en sumo grado y, de hecho, en ellas se vislumbra un matizado estatuto del lector. La lectura, que puede interpretarse como un diálogo diferido y un discurrir especializado de la tradición, es una decisión del lector que constituye una relación suspensiva sin duda asentada en la intuición y la curiosidad por él desempeñadas.

D) La fenomenología de la lectura, o su forma manifestativa, atañe en primer término a la “lectura en voz alta”, aquella referida

[159] *O. C.*, V, ed. cit., p. 424.

por el Arte de la Lectura, y su correlato "silenciosa" o "mental"[160]. Desde una perspectiva histórica y de conducta cultural, por encima de lo paraverbal y de la mera oralidad, es cosa aceptada, y documentable dentro de lo posible, que las dos grandes variedades de ejecución lectora, la "oral" o "en voz alta" y la "silenciosa" o "interiorizada", mantienen ese orden cronológico, correspondiendo la primera a las épocas antiguas, o incluso clásicas y clasicistas, y la segunda a la época moderna[161], aunque de algún modo más valdría hablar de épocas tardías puesto que existe una cierta circularidad u orden recurrente, además de realizaciones (cosa ya más complicada de determinar) de grado intermedio. En general, hasta tiempos recientes la poesía fue para leída en voz alta[162]. La épica europea medieval reproduce algún paralelo con la transmisión oral griega arcaica, y así sucesivamente. Como siempre, el tiempo de los comienzos es el más difícilmente determinable, pero sobre todo aquel que corresponde al comienzo de los comienzos, el tiempo arcaico. En sentido histórico, relativo a los albores de escritura y lectura, podría hablarse de "lectura originaria o arcaica". En nuestro tiempo, la lectura en voz alta tiene su principal realización en los medios de comunicación audiovisual, radio y televisión[163].

Es posible incluir en el marco de la "lectura en voz alta", siguiendo con ello lo establecido en el Arte de la Lectura, el par "lectu-

---

[160] Naturalmente, la voz ha sido con posterioridad objeto de análisis no sólo fisiológico y fonético sino también didáctico, adoptando asimismo una finalidad de consecución de la expresividad, en alguna coincidencia con el Arte de la Lectura (véase Bernard Cocula, y Claude Peyroutet, *Didactique de l'expression. De la théorie à la pratique,* París, Librairie Delagrave, 1978), y de alcance práctico general, como es el caso de la conocida monografía de Michael McCallion (1988), *El libro de la voz,* Barcelona, Urano, 1999.

[161] Rosamaria Loretelli, asocia, frente a la oralidad épica, la lectura silenciosa como característica de la creación de la novela (*L'invenzione del romanzo. Dalla'oralità alla lettura silenziosa,* Roma-Bari, laterza, 2010).

[162] Véase R. Senabre, "Poesía y oralidad", en *Tropelías,* 2 (1991), pp. 193-202.

[163] Véase Mª D. Abascal, "La retórica de la lectura", en *Teoría de la lectura,* ed. cit., p. 267.

ra preparada"/"lectura improvisada". Si Legouvé se inclinaba fuertemente por la primera, no tanto Rufino Blanco, y con muchos reparos Domínguez y Serrano de la Pedrosa, para quienes la "preparada" invade pedagógicamente la inspiración, y su tecnicismo se resuelve en modesto ejercicio y no en arte. "Sobre esas prácticas siempre está la facultad de sentir con el autor y asimilarse el espíritu de su obra, y la inspiración, el temple artístico para reflejar sobre el auditorio las emociones que la obra atesora"[164].

E) La "lectura pública" posee una complejidad más allá de la relación pragmática inherente al auditorio y con tanta precisión examinada por la tradición retórica desde Aristóteles y que aquí no vamos a reiterar. La lectura pública identifica sobre todo, pues, la referida "lectura en voz alta" en tanto que "lectura artística", sea o no "de sociedad", pero no se olvide que también pude serlo como "lectura política" y "lectura académica", aunque de distinto modo en estos casos se trata de oratoria propiamente dicha y no lectura. La "lectura en voz alta" en tanto que "pública" y "artística" aparece integrada como vimos en el Arte de la Lectura e incluso tiene algún grado añadido de especialización en ciertos manuales y antologías[165]. Por otra parte, se ha de precisar cómo en todos esos casos, y de este modo es contemplado en el Arte de la Lectura, se atiende al espacio físico y habitación, plaza pública, aula, anfiteatro... Ahora bien, ¿lee el rapsoda que lee en su mente el texto épico? ¿Y el rapsoda originario inmerso en la tradición oral anterior a la Atenas clásica? ¿Lee el recitador de memoria? Sea como fuere, se ha de diferenciar entre "lectura pública" y "lectura privada". En tanto que la lectura privada se ejerce en ausencia de oyentes, promovería la tendencia interiorizadora y, por tanto, la lectura silenciosa, pero también es referible a grupos muy reducidos y ha formado tradicionalmente par con la "publica" en el Arte de la Lectura. Los usos de la lectura pública, la cual no sólo remite a la gran cuestión épica, y a la posterior recitación

[164] J. Domíguez y F. Serrano de la Pedrosa, *La lectura como arte,* ob. cit., 127.

[165] Compruébese, por ejemplo, en Ramón Giralti-Pauli, *Lectura estética o arte de leer con sentido todos los géneros,* ob. cit.

de composiciones poéticas en instituciones y salones, son decisivos y señalan a veces distintivamente a grupos profesionales, sociales y generacionales, hasta el punto de que la pertenencia a cualquiera de éstos establece un saber común al tiempo que una limitación en ocasiones hermetizada respecto de otras localizaciones de grupo o estamento y de época.

F) Siguiendo criterios del primitivo positivismo y su evolución decimonónica y romántica, que tuvo repercusión en la historiografía artística y particularmente literaria, cabe efectuar analogías entre las edades de la civilización y los ciclos vitales del ser humano. Hay una lectura en general propia de civilizaciones antiguas, o envejecidas, y una lectura general de civilizaciones jóvenes, en coincidencia y más allá de la dualidad de lectura oral y lectura silenciosa. Pero además, no por sabida deja de ser una de las más relevantes la distinción entre "lectura de juventud" y "lectura de madurez"[166]. En relación a ésta última adquiere un sentido indudable la "relectura", que después observaremos. En esto, como en tantas cosas similares, los arraigos y repercusiones educativas y biográficas, al igual que las prácticas de memorización, recitación y declamación son decisivas.

G) Es necesario asumir, junto a la multiplicidad de lectores, la multiplicidad de lenguas. No procede, por obvia y reiterativa, la distinción de tantos tipos de lectura como lenguas se leen. Pero es un hecho que la lectura viene básicamente determinada, quizás antes que otra cosa, por la lengua y el texto concreto, es decir por la naturaleza de éstos. Así sucede en general con la que denominaremos "lectura derivada" (frente a la "lectura directa"). De modo que situado el lector respecto de su objeto, la distinción inicial, dada, más allá de la lengua de que se trate, es la de si se trata de lectura ejercida en

---

[166] Esta dualidad la ha reenunciado hace no muchos años Italo Calvino en su reflexión sobre *Por qué leer los clásicos* (Barcelona, Tusquets, 1992), haciendo notar que si de los clásicos se dice que se releen no deja de ser verdad que hay un número enorme de clásicos que el individuo culto no ha leído; pero que en realidad toda lectura de un clásico viene a ser una relectura.

lengua materna o en segunda lengua adquirida o, respecto del lector, de lengua para el hablante de relación bilingüe, o de situación terciaria y demás. En un sentido traslémico, e inequívoco, hay dos tipos de textos que se leen, los producidos en lengua original y los traducidos de otra lengua. La lectura del texto traducido tiene aquí localización en tanto que, por su parte, ha de ser especificada "la traducción como lectura derivada e inmediata", pues lo es de una anterior y acabada lectura traslaticia que establece y resuelve problemas de equivalencia, estilo, diacronía y otras complejidades similares. Y a su vez, el texto traducido puede serlo de manera indirecta, retraducido de una ya segunda versión anterior, etcétera, con los consiguientes elementos de interferencia. A fin de cuentas, la traducción delimitaría un primer y especial grado de la lectura derivada, aquel regido por el contacto interlingüístico más directo e íntimo.

En el extremo opuesto y paradigmático de "la traducción como lectura derivada", cabe situar el tipo que designaremos "lectura convencional científica", siendo aquella que remite a la posición, definición, valoración u ortodoxia mantenida por la comunidad científica o un grupo artístico, profesional o similar[167]. Este tipo de lectura refiere un concepto de lectura de cierto grado metafórico, y sustancialmente corresponde más bien a un tipo de interpretación que se tiene por válida, y puede tomarse tanto en la inmediatez del ejercicio lector selectivamente dirigido por el sujeto que lee como en función externa de un paradigma definitorio para la comunidad científica o determinado grupo. Justamente como extremo de lectura derivada, es aquel que más se aleja de la lectura directa.

H) La antigua tradición académica universitaria brinda tres tipos de "lectura académica" especializada, la *lectio* y el comentario de textos más una directamente técnica, la ecdótica o textológica. Esta última preferiblemente es reconducible a categoría o subcategoría de la crítica literaria, es decir de la "lectura crítica". El comentario de

---

[167] Estas circunstancias han sido teóricamente muy bien examinadas por Emilio Lledó, *El silencio de la escritura*, Madrid, Espasa-Calpe, 1998, 2ª ed. aumentada, pp. 143-146.

textos también es reconducible, aunque sólo hasta cierto punto, a la "lectura explicada". La *lectio* medieval, que establece históricamente la lectura académica por antonomasia, se encuentra en el origen del proyecto académico occidental y es fundamento del método didáctico. Ejecutada en voz alta, a la *lectio,* como es sabido, se le fueron agregando, en una suerte de progresión hermenéutica de función explicativa, las *quaestiones* y la *disputatio*, de gran desarrollo escolástico. La glosa escrita sobre la *lectio* tal vez sea el origen, entre otras cosas, del comentario de texto. El comentario de texto contemporáneo, práctica la cual, a diferencia del "comentario humanístico", de hecho un género tratadístico secundario basado en el paralelismo exegético, es o suele ser un ejercicio metodológico de lectura escolar sustancialmente erróneo por fundado en el absurdo metodológico de creer que existe una homogeneidad textual y de técnica aplicativa, cosa que en efecto niega al propio texto objeto de lectura comentada[168]. En realidad, la gran paradoja del comentario de texto es que anula el propio texto, su lectura, creando un interpuesto, esquema o guía, entre el texto y el lector procurando un absurdo mecanicismo así como la dejación de la libertad y la responsabilidad de dicho lector comentarista. Por otra parte, la actividad textológica, de limpieza y fijación con finalidad ecdótica, no puede olvidarse que es un modo de lectura a través de medios y con finalidades plenamente técnicas, si bien su resultado viene a consistir en ofrecer la posibilidad de que un texto pueda ser leído con la mayor autenticidad. Todo el proceso, en ocasiones muy complicado, de enmienda, restitución y, en fin, de aplicación crítico-textual no es sino un ejercicio de lectura y en él se habla utilizando este término y el de *lección* con el sentido de aquél. Por lo demás, desde la crítica textual se ha efectuado la categorización de "lectura coetánea"[169].

---

[168] Véase M. Crespillo (1992), "Teoría del comentario de textos", en Id., *La idea del límite en filología,* Málaga, Anejos de *Analecta Malacitana*, 1999, pp. 191-224.

[169] Véase J. M. Lucía Megías, "Entre la crítica textual y la lectura coetánea", en Id., *El libro y sus públicos,* Madrid, Ollero y Ramos, 2007, pp. 15 ss.

I) Se diría que el texto selecciona a su lector. La lectura, como el diálogo, es cosa de dos. La lectura es una suerte de diálogo diferido, y efectivamente cabe identificar una "lectura como diálogo". Esta idea la asentó especialmente Gadamer en *Verdad y método,* sobre todo en lo relativo a la tradición. Ahora bien, Marcel Proust insistió por otra parte en la idea de la lectura como conversación[170], de manera análoga, podríase decir, a la célebre identificación ciceroniana de la epístola como conversación entre amigos. Existen diversas variantes más o menos felices de consideraciones generalmente aceptadas y asumibles del tipo de: "leer es conversar con los espíritus más selectos de todos los países y de todos los tiempos", o que los libros proporcionan "algo de lo más selecto que puede ofrecernos la vida"[171]. Así, pues, la "lectura como diálogo" ha de acompañarse por una discriminación de "lectura conversación". El lector habla con un espíritu representado por el texto, que necesariamente pertenece al pasado, aun inmediato, y por tanto previo al presente. Habremos de distinguir por tanto un tipo de "lectura como diálogo interno". Además es posible que el autor apele al lector, como de una u otra manera se ha ejercido en diferentes épocas[172], si bien el procedimiento adquiere el carácter moderno y de tópico poético en el Romanticismo, desde Goethe a Baudelaire, y se difundiría aún más en virtud de su indicación por T. S. Eliot en *The Waste Land.* El escritor siempre precede al lector, anticipa la actividad de éste y éste accede a su estatus como vida futura de aquél. Por ello los lectores, conservadores y potenciadores intelectuales y materiales de los textos, son residencia de éstos y de sus autores.

---

[170] Cf. M. Proust, *Sobre la lectura*, publicado junto con J. Ruskin, *Sésamo y lirios*, ed. de M. Catalán, Valencia, Universidad de Valencia-Alfons el Magnànim, 2003.

[171] Cf. J. A. Pérez Rioja, *Leer para vivir,* Madrid, Confederación Española de Gremios y Asociaciones de Libreros, 1993, pp. 7 y 10.

[172] Véase A. Porqueras Mayo, "El lector español en el Siglo de Oro", en *Revista de Literatura,* V, 9-10 (1954), 187-215, que estudia el tratamiento del lector en el género del prólogo.

J) Cabe discriminar una gama designable como "metalectura", e incluso "metalectura modelo", sobre la base de las especializaciones modélicas establecibles a partir de ciertos tipos de lectores y sus lecturas. La "lectura crítica", que después veremos, puede ser tomada técnicamente como metalectura. Según dijimos en un principio, cada tipo de lector produce un ejemplo de lectura, y por esto lector y lectura poseen un grado tipológico de identificación, si bien no todo ejemplo de lectura, ni de lector, ha de elevarse a la categoría de tipo o clase de lectura. El lector es el único representante posible del texto y de su autor ausente, y en este sentido es lícito hablar, como se ha hecho aquí o allá y con mayor o menor reiteración, desde el lector como enseñante o maestro, que corresponde a un empleo académico, al lector imaginativo, el lector modelo y modélico, el lector testigo, el lector ideal como personaje entregado por el propio autor en su obra; el lector pasivo y activo (anteriormente señalado respecto de la lectura), el lector hembra, el lector masculino y femenino, el lector fino y tosco, el lector elevado, el metalector (quizás no usado pero léxica y morfológicamente pertinente), el archilector como síntesis o compendio[173].

K) En una posible categorización de la "lectura crítica" son diferenciables, cuando menos en principio, tres planos, uno general relativo a la "lectura seria", el correspondiente a la Crítica literaria y un tercero relativo a la concreción textual. Este último identifica la crítica textual o ecdótica y su extenso régimen de operaciones filológicas o textológicas conducentes a la dilucidación de los aspectos de autoría, datación y edición de textos, que ya hemos referido a propósito de la "lectura académica". Por otra parte, existe la posibilidad razonable de incluir, como variante de la "lectura crítica", la "lectura explicada" o "explicativa", aquella que, según Rufino Blanco, "se practica cuando el auditorio no ha entendido bien lo que se ha leído o cuando se procura fijarlo mucho en el espíritu de los oyentes, como

---

[173] Para una especificación genuinamente estructural del archilector véase M. Riffaterre, *Ensayos de estilística structural,* Barcelona, Seix Barral, 1976.

ocurre en las escuelas primarias"[174]. Usualmente se trata de un comentario explicativo que se efectúa tras lectura propiamente dicha.

Según expuse desde un principio, entiendo que la lectura y la crítica literaria o, por mejor decir, la lectura seria y la lectura ejercida por la crítica, no son operaciones diferentes y con frecuencia es preciso reconocer que describen un *continuum*. Pero esto con un matiz. Pienso que en buena medida tenía razón Luigi Pareyson al argumentar, contra Mario Fubini, que no existe diferencia cualitativa entre ellas[175]. Para Fubini, a la lectura pertenece la *impresión* y a la crítica la *reflexión*, la explicación y el método que abandonan el embelesamiento a fin de explicarlo; mientras, Pareyson muestra cómo la conciencia metodológica se configura en la propia actividad, nace de la operación que ha de regular, de una actitud normativa ante lo que se hace y localiza el pensamiento en la misma lectura, advirtiendo cómo para Fubini la lectura es primaria e ingenua y el juicio no vendría a ser sino una confirmación específica del gusto abandonado a sí mismo, y cómo, por lo demás, comparar es interpretar, no juicio sólo alojado en la crítica. Ya existiría en la lectura, según Pareyson, el pensamiento y el juicio, después sometidos por la crítica a un desarrollo más consciente y no a un cambio cualitativo.

Es preciso subrayar que la gran diferencia de la impresión y el juicio que se ejerce sobre obras artísticas y sobre obras literarias reside en la lectura que rige la apreciación de estas últimas. La contemplación de la obra plástica es directa y sin código absoluto y preciso. La contemplación de la obra literaria no es nunca directamente tal sino lectura estricta sobre la base de un completo código que alberga y recubre la obra como totalidad al tiempo que la une mediante el lenguaje a su contemplador; lectura acaso sometida con posterioridad a un alejamiento que hace factible una contemplación muy secundarizada y de difícil no ya prescripción sino decripción. El juicio,

---

[174] Cf. R. Blanco, *El Arte de la Lectura,* ed. cit., p. 264.

[175] Cf. M. Fubini, *Critica e poesia,* Bari, Laterza, 1956; L. Pareyson, "Crítica y lectura", en su compilación de ensayos *Conversaciones de estética* (1966), Madrid, Visor, 1987, pp. 67-74.

uno de los componentes más importantes y peor estudiados de la crítica, permanentemente sometido sin embargo a la larga sombra kantiana, ha sido soslayado por la crítica literaria en virtud de la gran red de discurso "fundado" de que se sirve, por contraste con la crítica de arte, que por supuesto desarrolla su propia patología. Dijo Milá y Fontanals lúcidamente que la apreciación crítica tiene lugar en virtud de un *juicio-sentimiento conforme a determinados principios*[176]. Ese juicio-sentimiento, según el caso debidamente explicitado o meramente exposición intuitiva o reflexión no metodologizada o no conceptualista, necesariamente ha de habitar en la mera contemplación y en la mera lectura así como en la crítica. De no ser así ésta última constituiría una falacia. Esto no niega, evidentemente, la historiografía, pero tampoco que la historiografía bien trazada se haya de fundar en la crítica. Por ello, en mi criterio, la razón de Pareyson es más certera que la de Fubini, al entender que no existe discontinuidad entre lectura y crítica, pero está falta de un matiz: lectura y crítica precisan *convivencia*, ejercen un *movimiento* constante entre sí que difumina o confunde sus entidades justamente porque son compartidas y multiplicables en diferente grado según la ocasión y los intereses que se ejercen o el momento en que aparecen al ser observadas o advertidas en su interpenetración. La crítica, por principio mayor, ha de asumir la lectura, no dar un salto a otra cosa.

En fin, no piense el lector no especialista que han sido abundantes las construcciones, las monografías de la crítica literaria del siglo XX que tomaron como pleno centro la lectura, dicho sea ahora al margen de la teoría de la recepción y de las limitaciones impuestas por las corrientes formalistas dominantes o incluso por las corrientes pragmáticas de última hora, dentro de la segunda mitad del siglo. Pero, a pesar de ciertos esfuerzos y resultados sin duda en alguna medida interesantes y valiosos, no deja de ser verdad, a mi juicio, que esas construcciones de base crítico-literaria acababan por producir la insatisfacción característica de las acciones que, bien por supuesta

---

[176] Cf. M. Milá y Fontanals, *Estética y Teoría literaria,* ed. de P. Aullón de Haro, Madrid, Verbum, 2002, p. 121.

autosuficiencia técnico-metodológica o bien por algún rasgo de autosuficiencia del llamado posestructuralismo, finalmente se alejan de la cuestión o los aspectos vivos y esenciales tanto de su objeto como de su cometido posible[177]. Esto se hace evidente porque la lectura no es una actividad subsidiaria respecto de la generalidad del lenguaje sino que apunta a su centro en tanto que forma viva y expone una fuerza irrefrenable e incalculable sin fin del ser humano.

L) La serie denominable en conjunto "lectura rápida" suele obedecer a criterios de rentabilidad práctica. Su antítesis o su veneno nietzscheano sería aquel destinado a definir la filología como el arte de leer despacio. La "lectura rápida" o "veloz" suele ejercerse mediante el recorrido de la página por sus extremos (en el caso de las escrituras occidentales, de arriba abajo desde el inicio izquierdo hacia el final derecho) identificando sólo comienzos de frase o párrafo, palabras en cursiva y otros elementos de este tenor; la "lectura selectiva" o "puntual", que sobrepasa el curso secuencial normal se detiene únicamente en las frases o párrafos que responden al concepto o materia de búsqueda; la "lectura de términos", ahora llamada también "de escaneo", vendría a ser una variante de la "puntual" por cuanto trata de identificar tan sólo una o algunas palabras, al modo en que se hacían tradicionalmente las búsquedas para formación de índices de términos.

M) La "relectura" es la lectura que realiza de nuevo un mismo lector de un texto ya leído con anterioridad al menos una vez. Esta relectura, evidentemente, puede efectuarse en un arco breve o amplio de tiempo. Se suele asociar la relectura a tres posibilidades: lectura "de repaso", propia de estudio y recordatorio; vuelta a la lectura de clásicos o bien ejercida desde la edad de madurez del lector; y lectura

---

[177] Haré mención de tres muestras suficientemente ejemplares de lo referido (quizás *las* tres muestras, pues no piense el lector que hay mucho más), una preferente para cada tendencia señalada más una tercera intermedia: M. Charles, *Rhétorique de la lectura,* París Seuil, 1977; Gabriel Moreno Plaza, *La liberación del lector en la sociedad postmoderna,* Río Piedras, Editorial de la Universidad de Puerto Rico, 1998; Paul Cornea (1988), *Introduzione alla teoria della lettura,* ob. cit.

reiterada de textos importantes o difíciles, la antes referida "lectura difícil" o motivada por ésta. Schopenhauer defendía la relectura, de ciertos libros, claro.

N) La "lectura digital" o "en línea", sobre soporte electrónico es para bien y para mal la característicamente desarrollada en nuestro tiempo. No será necesario insistir en la bondad de las inmensas capacidades de disponibilidad electrónica y demás, aunque sí subrayar lo que denomino teoría del "inverso", consistente aplicado al actual caso en que a mayor disponibilidad de medios tiene lugar la simétrica discapacitación inversamente proporcional respecto de la disponibiliad para el uso de los mismos. La lectura actual en las nuevas generaciones exige, teniendo en cuenta a Pretucci, la categorización de una "lectura desordenada", de un lector de cualquier cosa en cualquier lugar[178]. El estilo, por así decir, de este tipo de lector desordenado se aproxima, tenga que ver o no, a la forma del lector patológico. La lectura actualmente más difundida, esto es la electrónica o en línea o hipertextual, caracterizable como ya dijimos por la velocidad de recorrido sobre uno o muy diversos materiales a partir de una misma página por enlaces o por sucesión rápida de páginas varias o múltiples, o incluso por lo que podríamos denominar digresividad errática, en sus formas extremas tiene como consecuencia la dispersión psíquica y conceptual así como la fragmentación del sentido de la realidad, constituyendo la gran fuente actual de alimentación de la "lectura patológica".

Sea como fuere, el futuro del libro pasa evidentemente por la expansión del libro electrónico y es de esperar que mediante el establecimiento de su coexistencia con el impreso, del que se habla actualmente como futuro libro de lujo o de regalo. Así debe ser. Pero por lo demás, la nueva proliferación y lectura extremadísima de correo electrónico y de correo telefónico SMS, que ha descompuesto el

---

[178] Véase Armando Petrucci, "Leer por leer: un porvenir para la lectura", en G. Cavallo y R. Chartier (dirs.) (1997), *Historia de la lectura en el mundo occidental,* ed. cit., pp. 591-625, especialmente 615 ss.

orden temporal de vida privada y el trabajo, ha conducido intensamente a su vez a una paupérrima lecto-escritura de jerga y abreviaturas, si bien qué duda cabe de que se trata de medios que asimismo desempeñan una función utilísima y por completo ya de primer orden irrenunciable. A este propósito, Román Gubern ha podido hablar convincentemente de economía/prodigalidad textual, pero también de la instauración de una *graforrea social*[179].

Ñ) Una taxonomía gradatoria de la lectura y del lector desde el punto de vista psicagógico más general y extremado de su conducta, puede conducir a la diferenciación de: laxa o rutinaria, vehemente y compulsiva o lectomanía. A este último caso corresponde la que denominaremos "lectura patológica", en su propio sentido de grado muy superior a la "lectura vicio" y cuyo sentido maníaco se halla mucho más allá, por supuesto, del platonismo de la *manía* inspirada, en cuyo extremo acaso debamos considerar a Alonso Quijano. En conjunto es establecible un arco desde la indiferencia hasta la intervención psicopática.

Diferente asunto es el del punto de vista psicológico y pedagógico atento a las deficiencias y dificultades en el aprendizaje de la lectura. Respecto de la lectura oral suele tratarse manifestativamente de la omisión, adición o reiteración de letras, sílabas, frases o palabras, así como los problemas de entonación o puntuación con incidencia en la comprensión. La esfera de la comprensión en sus diferentes posibilidades y trastornos define un campo de extraordinaria preocupación y bibliografía recientes. El fenómeno de la dislexia es el más característico de este campo de deficiencias, ya se trate de dislexia adquirida o de dislexia evolutiva[180].

La psicopatía lectora, a diferencia de la mucho más reciente y violentadora psicopatía audiovisual, no hay constancia de que pro-

---

[179] R. Gubern, *Metamorfosis de la lectura,* Barcelona, Anagrama, 2010, p. 105.

[180] Puede verse una excelente síntesis del estado actual de la cuestión en P. Vieiro Iglesias e I. Gómez Veiga, *Psicología de la lectura,* ob. cit., pp. 180-220.

yecte acciones dolosas tipificables, aparte acaso de ciertas fatuidades propias de malos lectores de novelas. Se ha dicho de don Quijote que, nacido de la lectura, "cada vez que fracasa, se refugia en la lectura. Y refugiado en la lectura seguirá viendo ejércitos donde sólo hay ovejas sin perder la razón de su lectura: será fiel a ella porque para él no hay otra lectura lícita"[181]. Sea como fuere, el lector, al menos el lector cuerdo y no profesional, tiene derechos y libertades sólidos en el sentido de que su actividad, por lo demás íntima, más allá de los aspectos básicos del código verbal no depende, o no tiene por qué hacerlo, de reglamento alguno externo ni imaginario[182]. Esto, más bien, consiste en que el lector es libre, o en que existe el lector libre, por encima de la autocensura y de las imposiciones sobre todo institucionales siempre que no haya sido presa de fuerte patología.

---

[181] Cf. C. Fuentes, *Cervantes o la crítica de la lectura*, México. Joaquín Mortiz, 1986, reimp., p. 75. Añade justamente Carlos Fuentes, que don Quijote "está loco no sólo porque ha creído cuanto ha leído. También está loco porque cree, como caballero andante, que la justicia es su deber y que la justicia es posible" (p. 75).

[182] Se recordará que Daniel Pennac tuvo un gran éxito al formular unos derechos del lector, empezando por el derecho a no leer, a saltarse las páginas o a no terminar un libro. Cf. *Como una novela,* Barcelona, Anagrama, 1993.

APÉNDICES

Apéndice A

Quintiliano sobre la lectura y su pedagogía[183]

Réstanos hablar del modo de leer; en lo cual no se le puede enseñar al niño menos que con la práctica, dónde ha de suspender el aliento, dónde distinguir el verso, dónde hacer sentido, y dónde comienza éste; cuándo debe levantar la voz, cuándo bajarla; qué tono debe dar a cada cosa; dónde debe leer con pausa, dónde con ligereza; qué pasajes se han de leer con vehemencia, y cuáles con dulzura. Una cosa encargaré en esto, y es que entienda lo que lee, para lograr todo esto. Sea ante todas las cosas el modo de leer varonil, acompañado de suavidad y gravedad, y lo que es verso no se lea en el mismo tono que la prosa; pues aun los mismos poetas dicen que cantan. No se ha de entender por esto un canto material, ni adelgazando la voz, como muchos, afeminadamente (1). De este modo de leer dicen habló César, siendo aún niño, cuando dijo: *si cantas, cantas mal; si lees, cantas.* Ni quiero que las prosopopeyas se pronuncien, como quieren algunos, con aire cómico; pero háganse sus inflexiones, para distinguirlas de lo que el poeta dice por sí.

En todo lo demás es necesario advertir muy mucho que los entendimientos tiernos, y que han de llevar adelante los conocimientos que se les imprimieron al principio, cuando estaban vacíos de toda idea, no sólo aprendan lo que les instruye, sino mucho más lo bueno. Por donde está bien entablado que se comience a leer por Homero y Virgilio; bien que para entender sus bellezas era menester mayor discernimiento; pero para esto tiempo les queda, puesto que no los han de leer una sola vez. Entretanto vayan levantando el espíritu con la grandeza del verso heroico, y ensanchando el alma con la de las materias y bebiendo ideas nobles.

Las tragedias son útiles. Los líricos también fomentan el espíritu, si se hace elección, no solamente de los autores, sino también de sus partes. Los griegos escribieron con desenvoltura, y Horacio tiene lugares que no quisiera explicarlos a los niños. Las elegías amatorias y los endecasílabos, que tienen algunos incisos de versos sotadeos (2) (porque estos versos ni

[183] Se reproduce aquí el capítulo V de las *Instituciones Oratorias*, siguiendo la antigua versión española de Ignacio Rodríguez y Pedro Sandier, Madrid, Hernando, 1942, vol. I, pp. 56-60.

mentarlos), destiérrense, si es posible; o a lo menos resérvense para cuando los niños sean mayores. En su lugar diremos qué uso pueden hacer de la comedia, que contribuye mucho para la elocuencia por emplearse toda ella en personas y afectos; porque ésta será la principal lección, cuando no se siga daño a las costumbres. Hablo de Menandro, aunque no excluyo a otros; pues los latinos podrán también ser útiles. Pero los niños deben leer sobre todo lo que les fomente el ingenio y aumente las ideas; para lo demás que sirve a la erudición, les queda mucho tiempo.

Los poetas latinos son útiles (aunque en los más de ellos más brilla el ingenio que el arte) por la abundancia de palabras, en cuyas tragedias puede encontrarse mucha gravedad, en las comedias mucha elegancia y cierto *aticismo*. La economía en éstos es más exacta que en la mayor parte de los modernos, los que pusieron la única perfección de sus obras en los pensamientos. De éstos hemos de aprender la pureza y el carácter (por decirlo así) varonil, ya que en el modo de decir hemos caído en todo género de delicadeza y vicio. Finalmente, creamos a los oradores consumados, los que se valen de los poetas antiguos, o para lograr el fin de las causas o para adorno de la oratoria. Porque veo que sobre todos Cicerón, y con alguna frecuencia Asinio y los demás cercanos a nuestros tiempos, citan versos enteros de Enio, Accio, Pacuvio, Lucilio, Terencio, Cecilio y otros, no sólo con muchísima gracia y erudición, sino también causando deleite; recreándose con el gusto poético los oídos cansados con el rudo del foro (3). Los cuales acarrean no poca utilidad cuando se prueba el asunto con sentencias suyas, como con ciertos testimonios. Aunque aquello primero toca más a los niños y lo segundo a los adultos; como quiera que deban tener afición a la gramática y a la lectura, no sólo mientras están en las escuelas, sino por toda la vida.

En la explicación de los poetas, el maestro de gramática deberá cuidar que el discípulo, desenlazando el verso, le dé cuenta de las partes de la oración y de las propiedades de los pies: cosa muy importante en el verso, de que deben carecer las composiciones en prosa. Dele a conocer las palabras bárbaras, las impropias, y las palabras compuestas contra las leyes del lenguaje; todo esto no para vituperar a los poetas (con los cuales se disimula tanto por razón del metro, que aun los mismos versos que cometen en el verso se bautizan con los nombres de *metaplasmo* y *figuras;* dando el nombre de gala a lo que ellos hicieron por necesidad), sino para advertirles las licencias poéticas y ejercitarles la memoria.

No dañará enseñarles en los primeros rudimentos las primeras significaciones de las voces, y el maestro de esta clase no cuidará menos de aquellas que son menos usadas. Pero póngase especial esmero en enseñar todos los tropos que sirven de especial adorno, no sólo en el verso, sino también en un discurso: las dos maneras de figuras, de palabra y de sentencia, cuyo tratado y el de los tropos reservo para cuando hable del adorno.

Hágales conocer sobre todo de cuánto sirve la economía de un discurso; la correspondencia de unas cosas con otras; lo que conviene a cada persona; qué se ha de alabar en los pensamientos, y qué en las palabras; dónde cae bien la afluencia, y dónde la concisión.

Se ha de juntar a todo esto la explicación de las historias, que debe hacerse con esmero, pero no tanto que se ocupe en explicar bagatelas. Basta el exponer las que están recibidas, o a lo menos están referidas por célebres autores. Porque el referir lo que dicen los autores más despreciables, o es demasiada pobreza o una gloria vana, lo cual detiene y agobia los ingenios que se pueden emplear en otra cosa mejor. El que se pone a examinar los escritos que ni aun merecen leerse, no tendrá reparo en dar oídos a cuentos de viejas. De todos estos embarazos están llenos los comentarios de los gramáticos, apenas entendidos de sus mismos autores. Sabida cosa es lo que sucedió a Dydimo, que escribió más que nadie; al cual, como no diese crédito a una historia como fabulosa, se la mostraron en un libro suyo. Esto acaece principalmente en las fábulas, en que se cuentan ridiculeces y aun cosas vergonzosas. De donde nace que cualquier hombre ruin se toma la licencia de fingir a su antojo en materia de libros y autores cuanto le ocurre; y con tanta más seguridad, cuanto no se pueden encontrar los que jamás existieron. Porque en cosas conocidas es más fácil descubrir la mentira. Por donde una de las calidades del buen gramático es el ignorar algunas cosas.

Notas

(1) *Vocem eliquat, te tenero supplantat verba palato.*-Pers.

(2) Versos sotadeos eran entre los antiguos un género de poema, cuyo asunto era de cosas amorosas y obscenas. Su composición era de cinco pies; los dos primeros, *jónicos grandes,* y los tres últimos, trocheos.

(3) Con estas palabras lo dice el mismo Cicerón en la oración *Pro archia*, núm. 6.

Apéndice B

El pensamiento de Schopenhauer sobre la lectura y los libros[184]

Se recordará que Schopenhauer, una vez concluido *El mundo como voluntad y representación,* tenía en sus manos, e iría ampliando, un conjunto de materiales e ideas relevantes sobre el pensamiento y la vida que le fue necesario presentar de forma no sistemática y como si se tratase de complemento o de un entorno perteneciente a aquel libro de planta cerrada que consideraba su obra fundamental. Con estos escritos de diferente extensión, pero dominantemente breves y concebidos al modo del ensayo, si bien organizados y numerados interiormente casi todos ellos mediante estructura de parágrafos, compila y publica Schopenhauer casi al final de su vida y gracias a la diligencia de su más estrecho colaborador, los *Parerga y Paralipómena*: "están formados en parte por algunos tratados sobre temas particulares y muy diversos, y en parte por pensamientos sueltos sobre asuntos aún más variados" (1). Uno de esos escritos, de los más próximos a las características del ensayo breve, es el titulado *Ueber Lesen und Bücher*, traducido al español en su versión más notable y difundida como *La lectura y los libros*. La historia traductográfica así como editorial de este ensayo es complicada y hasta truculenta, y [...] me ocuparé de ella más adelante.

Pero *La lectura y los libros,* pese a su carácter monográfico, no constituye un planteamiento aislado del problema de la lectura en los *Parerga y Paralipómena*, pues esa temática resulta capital para el autor en su reflexión crítica sobre la vida, y por ello se suscita más o menos directa u ocasionalmente en múltiples lugares a lo largo del conjunto de la producción schopenhaueriana, si bien es en *Educación (Ueber Erziehung),* en *Sobre juicio, crítica, aplauso y fama (Ueber Urtheil, Kritik, Beifall und Ruhm),* en *La erudición y los eruditos (Ueber Gelehrsamkeit und Gelehrte)* y en *Pensar por sí mismo (Selbstdenken),* ensayos reunidos bajo aquella denominación genérica, donde adquiere de nuevo valor central, pues dichos títulos presentan una verdadera configuración teórica del tema que nos atañe, la cual es

[184] Reproduzco en lo que sigue las páginas correspondientes a "El pensamiento de Schopenhauer sobre la lectura", que redacté para mi tomito *Schopenhauer sobre la lectura,* Madrid, Heraclea, 2000, pp. 19-42.

preciso reconstruir. Pareciera que *El mundo como voluntad y represenación* es el núcleo-sol de la obra schopenhaueriana, y alrededor del mismo su autor ha trazado pacientemente unas órbitas con satélites. Pues bien, la órbita de la lectura no es un único girar en torno, sino un auténtico *topos* que se proyecta a modo de red sobre el conjunto.

Desde luego, Schopenhauer puede afirmarse que es un crítico como intérprete de la vida, cosa que le convierte de cierta manera en un romántico tardío recuperador soberbio del trazado kantiano, pero para quien el orientalismo ha dejado de ser historiográfico, decorativo y externo pues se ha introducido en el seno de su pensamiento; y puede afirmarse también de él que es un platónico reformador y censor, por ejemplo, de la *reflexión* sobre la vida de Schleiermacher. Incluso Philonenko llegó a hablar de él como "un *héroe* del espíritu", y que era necesario el "análisis sentimental" para alcanzar a entender un discurso que se pretende "algo vivo" (2). Ha podido decir Villacañas que Schopenhauer se vale de una metodología que convierte su pensamiento filosófico en "una hermenéutica de su propia experiencia", que su experiencia del mundo burgués le permitió "censurarlo y criticarlo, destruyéndolo, en suma, de una manera que ha hecho fortuna: transformando la ontología básica de la modernidad. [...] si bien el objeto criticado era ese mundo, el sujeto que realiza sus críticas está embebido de las mismas categorías que intenta criticar y rebajar a índices plebeyos de la vida miserable del filisteo" (3).

Si buscamos entre las imágenes o las comparaciones metafóricas de Schopenhauer, encontraremos entre las que sin duda le son más queridas aquella tan noblemente enciclopedística que analogiza "la vida" y "el mundo" con el "libro" (4). Es decir, "la vida" y "el mundo" pueden ser leídos, deben de leerse, interpretarse, y ésa es la gran lectura del auténtico artista o del hombre de pensamiento. Hay otra lectura, que es la de los libros. Esta distinción, por supuesto, no es nueva, lo que sucede es que Schopenhauer llega a categorizarla establemente dentro del curso de sus reflexiones. Dice, valga de muestra, en su tratado sobre *Metafísica de las costumbres*: "...tanto en prosa como en verso, tanto en los libros como en la vida corriente, aparece con harta frecuencia la expresión de un 'mundo mejor', bajo la cual reposa tácitamente el supuesto de que ningún hombre tomará el mundo actual como el mejor posible" (5). Al comienzo de sus páginas sobre *Educación* establece sobre ésta una discriminación entre la "natural" y la "artificial": en la primera, "como ocurre con quien no tiene otro maestro ni otro libro que su propia experiencia...” (6). Ya en el quinto parágrafo del libro primero de *El mundo como voluntad y representación* se arguye (7):

> La vida y los ensueños son hojas de un mismo libro. Su lectura de conjunto se llama vida real. Pero cuando las horas de lectura habitual (el día) terminan y las de descanso han llegado, nos dedicamos a hojear sin orden ni concierto aquí y allá; a menudo tropezamos con una página ya leída otras veces, con una desconocida, pero siempre del mismo libro. Claro que una hoja leída aisladamente no puede ofrecer una lectura congruente; sin embargo, esto no ha de sorprender, si se tiene en cuenta que también nuestra vida es una hoja suelta en el libro del universo.

En coincidencia con este propósito, en términos globales interpretaba Safranski que “el resultado de la lectura en el libro de la vida será que el mundo no remite hacia nada exterior a él, sino que mira hacia atrás, hacia adentro, hacia el mismo que formula la pregunta: estamos en la inmanencia perfecta” (8).

Cuando Schopenhauer redacta el prólogo a la primera edición de *El mundo como voluntad y representación* comienza por decir cómo debe de ser leído este libro, y de inmediato desarrolla una suerte de metodología lectora a partir de la idea de que se hace necesario leerlo dos veces. En realidad, todo este prólogo es, a excepción del último y breve párrafo, una minuciosa y constante apelación explícita al lector y a la actividad de leer aplicada a ésta su obra. Porque sucede, entre otras cosas, que Schopenhauer, su discurso, está aquí iniciando la ruptura de un aspecto importante del género del tratado sistemático, sobre todo aquel que se refiere al orden de lo que precede y de lo que va después, de los modos de inserción del material..., esto es de la sintaxis del pensamiento y, en consecuencia, de su entidad misma; y por ello Schopenhauer es antecedente y recuerda o avisa de los inicios de un decurso problemático de la entidad de género de la filosofía que, tras las extremadas experiencias románticas, toma fuerza decisiva con Nietzsche y durante la época de la Vanguardia histórica nuevamente radicaliza sus resoluciones mediante el ensayo y la recuperación del fragmentarismo, la descomposición del sistema y la relación del pensar con la totalidad: es sobre todo el caso *final* de la *Teoría Estética* de Adorno, de múltiples textos de Benjamin, pero también de Eugenio D´Ors y otros muchos (9). Las variantes de la *dispositio,* incluso meramente consideradas tales, plantean incertidumbres respecto de la lectura. Schopenhauer aún ofrece un *tratado sistemático*, y se encuentra por demás obsesionado de principio con la lectura y los lectores y el modo específico más adecuado de leer su libro. Todavía, cuando redacta el nuevo prólogo a la segunda edición, y a pesar de que argumentalmente pasa a centrarse en uno de sus temas ensayísticos preferidos y más obsesivos (la crítica del mundo académico), no deja de apelar una docena de veces al lector y a la lectura. Aun en el último y breve prólogo a la tercera edición, cuando combina la crítica con la esperanza de que ha comenzado a llegar, al final de su vida, cierta comprensión de su obra, no deja de dirigirse directamente al lector, ahora ya de manera muchísimo más natural y relajada, para señalarle que en esta impresión no echará nada en falta de lo que en la anterior había sino, por el contrario, hallará considerables ampliaciones. Schopenhauer, que por otra parte tuvo muchas dificultades a la hora de publicar sus libros, estaba desde un primer momento sumamente preocupado por su lector; fácilmente se entenderá por qué.

Procederé en lo que sigue a reconstruir sistemáticamente, pero con brevedad, el orden y el contenido del pensamiento de Schopenhauer sobre la lectura. En su conjunto, la reflexión de Schopenhauer sobre la lectura es eminentemente crítica y es perfectamente factible descomponerla en cuatro argumentos o teorías distintas, las cuales sin embargo, en gran medida, se presuponen o se hallan subordinadas. Efectuando una descripción desde lo general a lo particular denominaré esas cuatro teorías del siguiente modo: 1) teoría crítica de la actividad de leer; 2) teoría como crítica del intelectual y del mundo académico; 3) teoría de la recepción literaria; y 4) teoría de la historia literaria. Anteriormente quedó citado el ensayo central en la materia, *La lectura y los libros*; pues bien, ese escrito [...] posee valor general, es decir conforma, aun con diferente dedicación, una síntesis de conjunto o, en cierto modo, un esbozo naturalmente articulado de las cuatro teorías discriminadas. Por otra parte, y según ya indiqué y además se colige de todo lo expuesto, hay múltiples lugares en que Schopenhauer más o menos puntualmente se refiere al libro y a la lectura. Estos lugares diversos y dispersos de los cuales ya he presentado algunas muestras muy diferentes y relevantes, y que por supuesto no me propongo inventariar, forman un todo junto al bloque del cuerpo doctrinal de la lectura que nos ocupa. Quiero decir, se trata al fin de una proyección terminológica y temática, desde luego amplia, y que, con independencia de cuáles sean su posible taxonomía y sus vaivenes en el conjunto de la producción schopenhaueriana, parece claro que otorga cierto sentido cohesivo y hasta compacto y, en cualquier caso, especifica una tópica como gama de lugares, que además posee un centro.

La que hemos denominado *teoría crítica de la actividad de leer* se halla expuesta en el citado *La lectura y los libros*, pero sobre todo en los ensayos sobre *Educación* y *Pensar por sí mismo,* y, en mucha menor medida, en *La erudición y los eruditos,* en *El oficio del escritor* y en *Sobre juicio, crítica, aplauso y fama.* No quiero dejar de advertir que, especialmente en el primero y en los tres últimos, se hace patente el sentido fundamental de la crítica literaria schopenhaueriana; cómo a través de la lectura transciende a crítica de profesores y del establecimiento académico. En los señalados dos últimos se elabora una teoría del intelectual y del escritor, en otros lugares más escueta o parcialmente abordada. Por otra parte, los materiales más doctrinales y poetológicos del pensamiento de Schopenhauer son los contenidos en *Sobre el estilo* y *Sobre el lenguaje y las palabras*, que requieren estudio pero ahora no son principales para nuestro propósito.

Esta primera teoría, de la *actividad de leer,* tiene su fundamento conceptual en la dualidad, concebida gnoseológicamente, pensar/leer, la cual es alternativa radical y presenta el segundo elemento como desintegrador del primero. Si leer es para Schopenhauer pensar con un cerebro ajeno o repetir lo pensado por éste, el exceso de lectura provoca la paralización del espíritu propio y embrutece. Lo capital de la educación es el conocimiento —*rectilíneo*— del mundo, y el hecho es que la educación habitual se opone al desarrollo natural del espíritu, comienza por las nociones, por llenar las cabezas de ideas y cosas extrañas, siendo después que las percepciones y los juicios se las habrán muy mal con todo lo anterior, provocando errores y la pérdida, tan frecuente en personas cultas, del buen sentido. En principio, Schopenhauer no tiene en cuenta la lectura como procedimiento importante de ejercitación intelectual, y pareciera por tanto que minusvalora la lectura como formadora decisiva de la atención, la concentración mental y la flexibilidad cognoscitiva e imaginativa, o bien cree que con unas dosis mínimas se obtiene todo ello suficientemente. A su vez, piensa, mediante la lectura tampoco se pueden adquirir las cualidades importantes del escritor, a no ser que tales cualidades ya se posean en potencia. Ahora bien, como señalaremos, hay libros y libros, y entre ellos los de pensamiento son los más importantes en todos los sentidos y, en consecuencia, los de lectura más aconsejable según nuestro filósofo; pero en todo caso la mayoría de ellos son detestables y pertenecen a la mediocridad o a la imbecilidad, que es lo más común entre los hombres, y jamás debieran haber sido escritos. Los libros más importantes son los antiguos y clásicos: la estela de las novedades y actualidades pertenece preminentemente a la trivialidad y a la falacia. (Estas consideraciones constituyen lugares importantes de conexión con las siguientes teorías). Según aconsejaba él de *El mundo como voluntad y representación,* los buenos libros han de leerse dos veces, tanto en razón de captar la totalidad como por motivo del cambio de ánimo e impresión. Puesto que el más pleno o perfecto conocimiento es aquél mediante el cual el individuo accede a una correspondencia entre nociones abstractas y percepciones, y para el hombre práctico lo necesario es el buen conocimiento de los aconteceres del mundo, la novela es el género literario por principio lamentable, pues además frecuentemente ofrece una representación de los acontecimientos humanos en contradicción con la realidad. Por ello tienen gran ventaja quienes en su juventud no leyeron novelas. De este escrutinio cervantino sólo se salvan las obras de Le Sage (y mejor sus correspondientes españolas, las originales), *El vicario de Wakerfield*, algunas de Walter Scott y, por supuesto, el *Quijote*, que es la definitiva demostración del dañino vicio. Por todo ello "el arte de *no* leer es uno de los más importantes". Esta frase de *La lectura y los libros*, en nuestra época habría de remitir a un contexto de realidad que haría necesaria su reinterpretación (10).

La que hemos llamado *teoría como crítica del intelectual y del mundo académico* está inicialmente contenida en *La lectura y los libros*, pero relevantemente de manera monográfica en *La erudición y los eruditos,* y de forma mucho más puntual aunque reiterada y con argumentos insertos relativos a la lectura en *Sobre la filosofía universitaria* (11), y ya muy lateral y restringidamente en los demás ensayos con anterioridad citados y en particular *Sobre juicio, crítica, aplauso y fama*, *El oficio del escritor* y *Pensar por sí mismo*. Al igual que en la *teoría de la actividad de leer*, aquí el punto de partida también consiste en una dualidad, representada por quienes "viven *para*" la ciencia, la poesía, el saber..., y quienes "viven *de*". (En el caso concreto del escritor la dualidad se reformula como quienes teniendo ideas y experiencias escriben *para expresar algo* y, en segundo término, quienes escriben *para escribir*, esto es finalmente por dinero. Y en el caso del pensador, las dos clases son: la de los que básicamente *piensan para sí* y la de los que *piensan para los demás,* que son sofistas; mientras que los anteriores son los verdaderos filósofos, aquellos cuya felicidad precisamente consiste en pensar). Con esto arranca la fortísima crítica schopenhaueriana a profesores, eruditos, escritores de actualidad y en general a la institución académica y los intelectuales, que en verdad salen muy mal parados. Pero es preciso reconocer que, pese a las típicas fobias tanto generales como particulares del autor, siempre presentes en sus escritos y que particularizadamente no vamos a tener en cuenta, Schopenhauer accede a construir una crítica extraordinariamente realista, precisa y, lo que en última instancia la justifica y le otorga definitivo valor, duradera, pues, como él mismo pensaba, en estos asuntos no se trata de realidades cambiantes sino desgraciadamente permanentes por asentadas en los aspectos del comportamiento más constantes y deleznables del hombre. En cierto modo se podría hablar a estos propósitos de una antropología de la maldad, o más bien de la mezquindad humana, sobre todo lo cual es característicamente incisivo y nada complaciente nuestro filósofo.

Lo fundamental de la *teoría de la recepción literaria,* así como de la *teoría de la historia literaria* que a ella directamente se vincula, se encuentra en *La lectura y los libros* y más extensamente, sobre todo en lo que tiene que ver con la recepción, en *Sobre juicio, crítica, aplauso y fama*; ya muy secundariamente hay que tener en cuenta *La erudición y los eruditos.* El punto de partida schopenhaueriano es la constatación de que el éxito y la calidad de una obra se hallan en contradicción o en razón inversa, al igual que, por otra parte, la cualidad y la cantidad del público.

En este sentido los escritores son clasificables en "estrellas fugaces, planetas y estrellas fijas". El momentáneo estruendo de las estrellas fugaces pronto desaparece para siempre; los planetas y las estrellas errantes, en razón de su proximidad, a veces brillan más para sus contemporáneos que las fijas, pero su luz es prestada y cambia y acaba; las fijas pertenecen al mundo, no tienen eje de paralelismo y, por ello, no cambian de aspecto cuando nosotros cambiamos de posición, y en virtud de su altura poseen una luz que necesita de muchos años para hacerse visible desde la Tierra. Los poetas y los artistas disfrutan de mucha mejor suerte que los pensadores, pues estos tienen un público cien veces menor, ya que sus obras, que instruyen y no proporcionan entretenimiento, exigen mucho esfuerzo por parte del lector. Creo que merece la pena recordar un párrafo de interpretación pragmática directa y nada común de la relación autor/lector efectuada por Schopenhauer en *Sobre filosofía y su método*:

> El escritor de Filosofía es el guía, y el lector el viajero. Para ir juntos, deben partir juntos: el autor debe unirse al lector en el momento donde se hallen juntos en la conciencia empírica, que se encuentra en todos. Es así como puede llegar por encima de las nubes a lo alto de las montañas. Así lo hizo también

> Kant: parte del conocimiento vulgar del propio yo y de las otras cosas. De otra parte, es equivocado partir del punto de vista de una visión intelectual supuesta de relaciones hiperfísicas (*hyperphysisch*) o hasta una razón que entiende en lo *Übersinnliche* o una razón absoluta pensante en sí misma, pues todo esto significa partir desde el punto de vista de conocimientos que no pueden ser comunicados inmediatamente, donde, por lo tanto, el lector no sabe nunca, desde su partida, si está con el autor, o distante de él varias leguas (12).

Según Schopenhauer, en la recepción de las obras existe una evidente falta de juicio. Cada siglo honra lo excelente que pertenece a los anteriores, y la atención que dedica al tiempo presente se destina a los malos libros, lo cual probaría que verdaderamente no se aprecian las obras de genio, pues las que carecen de él una vez acreditadas permanecen tales un par de generaciones. Pero tanto como la falta de juicio se opone a la gloria del mérito la envidia, que sirve de unión a las mediocridades y se propone evitar la elevación de los espíritus excelentes al menor indicio de aparición (para tal caso, y como tantas veces, cita Schopenhauer a Gracián: el *Hombre de ostentación*, de *El Discreto*), sobre todo mediante la alabanza deshonesta de lo malo y el silencio ante el trabajo de mérito.

Las grandes obras en principio no causan notable impresión, aunque más tarde la obtienen progresivamente cada vez mayor. Debe tenerse en cuenta que a la gloria rápida se ha de añadir también el tipo de gloria falsa o artificial que no tiene su origen en la obra en sí, sino que surge propiciada por ciertas connivencias. Para el escritor es importante ser leído, sin embargo la fama de que esto deba de ser así alcanza por afinidad y maniobras mucho antes al indigno que a quien detenta el espíritu, siempre rodeado de enemigos, entre éstos las mediocridades del propio oficio que aspiran a pasar por algo que no son. En general, de todas las épocas se puede decir que la alabanza de los contemporáneos es una ramera mancillada por una multitud de indignos. ¿No habrá que despreciarla? Por contra, la gloria de la posteridad sólo se entrega a lo extraordinario, cuando superada la envidia y la vileza llega el momento de la inteligencia. El que se adelanta a su siglo, es decir a la humanidad en general, a no ser que esté acompañado de gran suerte, sólo será comprendido por quienes se hallan a considerable altura por encima de las aptitudes comunes. Así podrá decirse que toda obra inmortal pone a prueba a su siglo.

> Según eso, la verdadera medida del valor intelectual de una época no la dan los grandes genios que en ella aparecen, porque sus aptitudes son obra de la Naturaleza, y la posibildad del desarrollo de las mismas ha estado a la merced de circunstancias casuales, sino que la da la acogida que sus obras han hallado entre sus contemporáneos, a saber: si les cupo en suerte un pronto y vivo aplauso o uno tardío y difícil, o si quedó completamente abandonado a la posteridad. Esto será especialmente el caso cuando sean obras de un género elevado (13).

Habitualmente, la obra de poca monta tiene suerte por cuanto es producida ya en el curso de la cultura común de su época; pero para emprender algo grande y que sobreviva "es condición fundamental que no se tenga en cuenta a los contemporáneos". Hay contradicción entre las producciones importantes y la opinión tanto común como especializada de su propio tiempo; consiguientemente, ha de evitarse recibir el influjo de éste al igual que intentar ejercerlo sobre él. Dice Schopenhauer que "el viaje a la posteridad se hace por una región semejante a los desiertos de Libia, de cuyo efecto, como se sabe, nadie tiene una idea más que el que los ha visto" (14). Pero recomienda para este tránsito poco equipaje, pues de lo contrario habría que tirar demasiadas cosas por el camino. Y siempre recordando la sentencia de Gracián de que lo bueno si breve, dos veces bueno.

La *teoría de la recepción* schopenhaueriana especifica aún más vivamente que las otras anteriores el sentido de una descripción interpretativa de base psicagógica. Me refiero sobre todo a esa Psicagogía lamentablemente abandonada de forma paulatina desde Aristóteles hasta hoy en que hemos llegado a una descarnada psicología. (Los males del neo-neopositivismo). Pero también especifica en sentido eminente un orden de relación diacrónica y da sustancia y adquiere más completa función integrada en la *teoría de la historia literaria*. Sea como fuere, conviene ahora empezar por la distinción más general de Schopenhauer: Existen dos Historias, la Política y la de la Literatura y el Arte. La primera, terrible, es la de la voluntad; la segunda, satisfactoria, es la del intelecto, y su rama más importante es la de Historia de la Filosofía, pues ésta, bien entendida, si bien obra con lentitud, es "la fuerza material más poderosa" y el fundamento de la historia de todos los tiempos. También se lee en *La lectura y los libros*, con un grado mayor de particularización: "Hay, en todo tiempo, dos literaturas que caminan de manera bastante independiente la una respecto de la otra: una literatura real y una literatura puramente aparente". La primera, perteneciente a quienes "viven *para*", es aquella que accede a la categoría de "literatura duradera".

(Schopenhauer, que se manifiesta contra el especialismo y anuncia el fin de las humanidades con la pérdida de las lenguas clásicas, resume en *La erudición y los eruditos* que "la abolición del latín como lengua culta universal y la introducción en su lugar y plaza de la pequeña burguesía de las literaturas nacionales ha sido para la ciencia de Europa una verdadera desgracia", puesto que ello ha supuesto la pérdida de un público culto universal, ahora decrecido y disperso y no mejorado por la realidad arbitraria de las traducciones). A diferencia de la historia del mundo en general, en la historia literaria medio siglo puede no suponer nada, puesto que las tentativas sin valor aquí no cuentan. Schopenhauer vuelve a proponer una representación planetaria, ahora mediante el sistema de Ptolomeo, para señalar cómo las falsas rutas que comúnmente sigue la humanidad después de cada periodo de progreso equivalen a los "epiciclos", y cómo tras haber discurrido por cada uno de ellos el lugar de llegada es el mismo que el anterior de partida. "Esto explica por qué la gloria después de la posteridad es adquirida con frecuencia a expensas de los aplausos contemporáneos, y viceversa". Periodológicamente estos procesos significan segmentos de aproximadamente treinta años: en tal periodo la acumulación de errores aumenta hasta que el absurdo produce su desmoronamiento al tiempo que las fuerzas opuestas se acrecientan. He aquí el momento del cambio, que frecuentemente dará lugar a un "error en sentido inverso". Y "la verdadera materia pragmática de la historia literaria" habría de ser mostrar la vuelta periódica de ese régimen de cosas. En consecuencia, según esa marcha de los progresos, la historia de la literatura en su mayor parte no es sino "el catálogo de un gabinete de monstrusidades". En líneas generales la historia literaria pone de manifiesto que quienes han aprovechado capacidad y conocimiento para una finalidad correcta han permanecido abandonados, mientras aquellos que aprovecharon una importancia basada en la falsa apariencia consiguieron la admiración contemporánea y los emolumentos. En fin, continúa Schopenhauer en *La lectura y los libros* proponiendo la redacción de una "historia trágica de la literatura" (que por cierto ya hay quien la ha escrito) demostrativa del padecimiento de los verdaderos autores y obras frente a las modas y la actualidad oficial; y critica la nueva manía de leer Historias de la Literatura con el fin de poder hablar de todo sin saber nada cierto.

Para concluir recordaré que Schopenhauer, en *Pensamientos respecto a la inteligencia en general y en todas sus relaciones,* carece de una visión no ya matizada sino productiva cuando arguye que "toda poesía y pensamiento es en cierto modo un intento de poner una gran cabeza a gentes pequeñas", y de ahí el fracaso; pero su penetración es más recta y acertada cuando allí mismo, asumiendo el aspecto empático, explica que:

> La satisfacción que produce un escritor exige siempre una cierta *armonía* entre su manera de pensar y la del lector, y será mayor cuanto más completa es esta armonía. Por esto puede gozar solamente un gran espíritu completa y enteramente a otro gran espíritu. Esto explica el asco y la repugnancia que producen en cabezas reflexivas los escritores mediocres: hasta la conversación de la mayor parte de las personas hace el mismo efecto; a cada paso se siente su insuficiencia y *desarmonía* (15).

Notas

(1) A. Schopenhauer, "Prefacio" a *Parerga y Paralipómena*, vol. I, ed. cit., p. 79.

(2) Alexis Philonenko (1979), *Schopenhauer. Una filosofía de la tragedia,* trad. de G. Muñoz-Alonso e Y. Córdoba Rodríguez, Barcelona, Anthropos, 1989, pp. 42 y 44.

(3) José Luis Villacañas, *Historia de la Filosofía Contemporánea*, Madrid, Akal, 1998, pp. 15 y 29.

(4) La consideración del libro como símbolo es muy penetrante y profusa en la historia de la cultura. Véase una interesante síntesis del problema en Andrés Sánchez Robayna, "El sueño de los sueños", en su vol. *La sombra del mundo*, Valencia Pre-textos, 1999, pp. 17-22.

(5) A. Schopenhauer, *Metafísica de las costumbres,* ed. de R. Rodríguez Aramayo, Madrid, Debate, 1993, p. 73.

(6) A. Schopenhauer, "Educación", en el vol. *Alrededor de la filosofía*, trad. de S. Vives, Barcelona, Ediciones Picazo, 1969, p. 147. Todo parece indicar que esta versión es la misma que la más anterior valenciana de Prometeo, ahora retocada, que a su vez está precedida por la de editorial Sempere, también en Valencia, traducida por Francisco Lombardía.

(7) A. Schopenhauer, *El mundo como voluntad y representación*, trad. E. Ovejero y Maury, introd. E. Friedrich Sauer, México, Porrúa 1987, 2ª ed., p. 29.

(8) Rüdiger Safranski, *Schopenhauer y los años salvajes de la filosofía*, trad. de J. Planelles Puchades, Madrid, Alianza, 1991, p. 287.

(9) Cf. mi artículo "El Ensayo y Adorno", en V. Jarque (ed.), *Modelos de Crítica: La Escuela de Frankfurt*, Teoría/Crítica 4, Madrid-Alicante, Verbum-Universidad, 1997, pp. 169-180.

(10) A. Schopenhauer, "La lectura y los libros", en el vol. *Escritos literarios*, trad. de E. González Blanco, Madrid, Mundo Latino, s. f., p. 63.

(11) Véase A. Schopenhauer, "Sobre la filosofía universitaria", en *Parerga y Paralipómena*, ed. de M. Crespillo y M. Parmeggiani, Málaga, Ágora (Col. Hybris), 1977, especialmente pp. 50-68 y 89.

(12) A. Schopenhauer, "Sobre filosofía y su método", en el vol. *Algunos Opúsculos*, trad. de F. Egea Abelenda, Madrid, Editorial Reus, 1921, p. 16.

(13) A. Schopenhauer, "Sobre juicio, crítica, aplauso y fama", en el vol. *La lectura y los libros y otros ensayos*, Prólogo de Agustín Izquierdo, Madrid, Edaf, 1996, p. 121.

(14) Ibid., p. 125.

(15) A. Schopenhauer, "Pensamientos respecto a la inteligencia en general y en todas sus relaciones", en el vol. *Algunos Opúsculos*, cit., p. 69.

Apéndice C

Tres esquemas de *El Arte de la Lectura*, de Rufino Blanco

PANORAMA DE LA LECTURA

El estudio de la lectura comprende

- I. Preliminares que tratan de
  - El lenguaje.
  - El arte en general.
  - El concepto de la Lectura.
  - Las ciencias y artes relacionadas con la Lectura.
  - Los conocimientos
    - Físicos necesarios
    - De Estética convenientes
    - al lector
- II. Conocimientos técnicos, que se dividen en tres partes
  - 1.* *La obra legible* u objeto de la lectura, en la cual se estudian
    - Las letras.
    - El alfabeto.
    - Las sílabas.
    - Las palabras.
    - La cantidad y el acento.
    - La oración gramatical.
    - La cláusula.
    - Los signos de puntuación.
    - La obra literaria y en ella
      - Las figuras del lenguaje.
      - Su estilo.
      - Las formas generales de los escritos.
      - Sus cualidades.
      - Su división
        - Didáctica.
        - Oratoria.
        - Poesía.
  - 2.* *El lector* y sus cualidades
    - Naturales.
    - Adquiridas.
  - 3.* *El acto de leer*: relación entre el lector y la obra legible, donde se estudian
    - La lectura en general.
    - Diversas clases de lectura.
    - La lectura en alta voz.
    - El local.
    - El auditorio.
    - Reglas generales de lectura.
    - Modelo de ejercicio práctico.
- III. Conocimientos complementarios
  - Apéndice.
  - Ejercicios prácticos graduados.
  - Notas bibliográficas.

CLASIFICACIÓN DE LAS ARTES

- Artes
  - Que satisfacen necesidades materiales del cuerpo
    - Gimnasia.
    - Higiene
    - Terapéuticas.
    - Industrias.
  - Que satisfacen necesidades del espíritu
    - Acústicas o del oído
      - Música.
      - Artes de la palabra (¿Logotecnia?) que estudian la manera de
        - *Componer*
          - Lexigrafía.
          - Gramática.
          - Literatura.
        - *Enunciar*
          - Ortología.
          - *Lectura.*
          - Recitación.
          - Declamación.
        - *Componer y enunciar*..... Oratoria.
      - Canto.
    - Ópticas, plásticas o de la vista
      - Gráficas, estáticas o del diseño
        - Escritura.
          - Vulgar.
          - Caligráfica.
        - Dibujo.
        - Pintura.
        - Escultura.
        - Arquitectura, etc.
      - Dinámicas o del movimiento
        - Mímica.
        - Arte coreográfico o baile.
  - Que satisfacen necesidades comunes al cuerpo y al alma
    - Pedagogía

CUALIDADES ARTÍSTICAS DE LA LECTURA					VICIOS OPUESTOS	
Cualidades de la lectura	De interpretación	Inteligente			Mecánica.	
		Afectiva			Apática.	
	De expresión	Mímica	Morigerada		Descompuesta o irregular.	
		Oral o de enunciación respecto a la	Pronunciación	Clara	Oscura	Vicios de articulación. Equivocaciones. Otros resabios.
			Intonación	Adecuada o eufónica	Inadecuada o Cacofónica por	Desentonos o desafinaciones. Monotonía. Politonía. Acento impropio. Tonillo. Altisonancia. Frialdad.
	Generales	Exactitud			Inexactitud.	
		Facilidad			Dificultad.	
		Seguridad			Inseguridad.	
		Oportunidad			Inoportunidad.	
		Gracia			Desgracia.	
		Corrección			Incorrección.	
		Belleza			Deformidad o fealdad.	

ÍNDICE ONOMÁSTICO

D

E

F

G

H

I

J

K

L

M

N

O

W

Z

EN ESTA COLECCIÓN

LA SUBLIMIDAD
Y LO SUBLIME

Pedro aullón de haro

I.S.B.N.: 978-84-7962-347-0

El presente ensayo consiste en una interpretación y reconstrucción histórica y teórica de lo sublime en tanto que alojable en el concepto más general que se establece de sublimidad, al tiempo que una indagación acerca de la constitución de una teoría de lo sublime.

LA CONCEPCIÓN
DE LA MODERNIDAD
EN LA POESÍA
ESPAÑOLA

PEDRO AULLÓN DE HARO

I.S.B.N.: 978-84-7962-486-6

Con su título originario de *La Concepción de la Modernidad en la Poesía Española* ofrezco aquí la versión de conjunto y probablemente definitiva de una investigación ya bien conocida del lector interesado en esta materia. Se trata no de una mera monografía sino de una obra singular por cuanto se proponía, se propone, intentar la apertura de nuevos horizontes a su objeto, abrir ciertos caminos críticos y de respuesta a la depauperación de la historiografía literaria, caminos de los cuales creo posible afirmar, a vista de lo acontecido de entonces acá, que ciertamente tenían sentido y han tomado definitivo cuerpo. Tenían sentido, pues, como proyecto alternativo de historiografía literaria (de la poesía como parte de ésta) y en tanto que proyecto de realización de una Retórica literaria de la poesía igualmente como parte), de la cual mucho se ha hablado pero que yo sepa nunca se ha ejecutado sobre el objeto real, al menos en un grado de dimensión considerable.

(Prólogo, EL AUTOR)